20世纪中国图书馆学文库·13

图书馆参考论

李钟履 著

国家圖書館出版社

本书据中华图书馆协会 1933 年版排印

序

图书典籍，浩如烟海，知识学术，漫若雾云，纵使才高八斗，学富五车，亦难遍读备知。然于研究一学一科之时，查寻一事一物之际，势必愿求其全。而求全之道，则舍博搜详辑参稽互考不为功，由是可见，参考之为用尚矣。夫图书馆者，乃人与书间之媒介也。故欲观其效用如何，必视用之者人数之多寡，及书籍流通之畅滞，然后始可判断。参考书籍率多包罗万象，抑或性质普泛，固人人可用之书也。故其供应之人数与流通之次数，概皆倍蓰他种，而非偏专固囿之书籍所可与之比并。若夫参考事务，在图书馆中则尤为重要而具有无上之价值，良以机械式的供给书籍，诚难扩大图书馆之效用，及表现图书馆服务社会之真精神，故必须竭心尽力，诱导襄助，务使参考者之目的得达，图书馆之宝藏无隐，而后可。然参考书籍与事务能否用行得当，是又须视参考行政如何也。本编分三篇而论之，一曰参考工具（参考书籍与参考材料），二曰参考事务，三曰参考行政，务使详博赅备，以便采用。第因各种图书馆之性质范围等多具异同，故本编仅可自理论与原则上叙论，以如斯或可适用十较多之图书馆也。再本编多取材于魏耳氏之《参考事务》（James I. Wyer：Reference Work）一书，但仅采撷其适合我国之意而已，复加以推阐发明，以求迻译无滞涩之弊，而便国人之参考。其他中外书籍，论此题目者亦自非鲜，第为环境所限，终未得尽量参考，疏漏之处，在所难免，幸阅者谅之。

目　　录

参考工具第一（参考书籍与参考材料）

　　参考工具者,即参考书籍与参考材料也。何谓参考书籍?何谓参考材料?二者异同何在?是须先知也。不然,必生交错之观念与模棱之认识,因而影响乎参考事务,为害莫大。

　　书籍概可分为二种:其一即仅供人之读阅者,其二即只备人之检寻者。本编所谓之参考书籍即后一种。此种书籍之内容通极广博,陈述例颇简洁,编排则概甚利便,以为读物显然不可,故仅可供人之参考而已。是以凡书籍之类此者,咸谓之为参考书籍。

　　所谓参考材料者,即第一种所谓,仅供人之读阅者之变象。何以言之?此种书籍之元始目的,虽仅为供人之读阅,第因其内容及编排与参考书籍多有类似之处,抑或因其他特殊情形,如该书之用途广大,或阅者对该书之需要频繁等,此种书籍即难仍以普通书籍视之。然如以参考书籍名之,则未免与纯粹参考书籍名实相混,且颇觉牵强,故名之曰参考材料,以其既非真正参考书籍,复非纯粹普通书籍,惟因其亦具堪资参考之材料耳。

　　工欲善其事,必先利其器,参考书籍与参考材料,岂非参考事务中之器械哉?是故参考书籍与参考材料之种类优劣,购求与管理等,均应加以研究,获得确切之明了清楚之认识,然后事务始有鹄的,行政方无阻碍也。兹分别论之于后。

参考书籍之种类一之一

参考书籍与普通书籍,在我国向无分明之界限,因之何者为参考书籍,何者为普通书籍,颇难一目了然。然苟一一审察其体制,辨别其性质,然后分而析之,定参考书籍为若干类,亦非绝难之事。第耗时费力,所获之结果亦未必绝对美满。况欧美已有确当之标准,何如采而用之,其类名纵难完全适合我国典籍,然亦未尝无先到之处。兹即依其标准而定参考书籍之种类,每类之下,系以简注,俾便明了其特性而易有所会通。如此,则我国书籍何者为参考之用,何者为读阅之需,亦不难分别矣。欧美参考书籍之种类因体制分之为八,字典,百科全书,舆图,书目,年鉴,指南,索引,目录。兹分述于下。

字典

按我国字典乃字书之一种,详注各字之音义及引证书籍以备检查者也。清圣祖敕编字书,始定此名。圣祖以前,凡据六书以解释字体及依字体分类之训诂书,统谓之字书。字书而外,又有辞书,辞书以补助知识为职志,凡成一名辞为知识所应有,文字所能达者,皆辞书所当载也。举其出处,释其意义,辨其异同,订其讹谬,凡为检查者所欲知,皆辞书之所当详也。辞书之与字书,据辞源云,积点画以成形体,有音有义者谓之字,用以标识事物可名可言者谓之辞,古谓一字曰一言,辞书与字书体用虽异,非二物也。英文 Dictionary 一字,则通含字书辞书二义,甚或尚有尤广之意义,然其普通之中文翻译则为字典,故本编从之,以其较为赅括也。

字典排比之法,我国多有不同,或从部首,或依音韵,或按号码,或照形体,五花八门,不一而足;而外国则概依字顺。要皆以便检查为目标,此与普通书籍迥乎不同之处也。

图书馆之书籍,例颇浩繁其文辞之深奥浅近,叙论之专门普通,自难相侔,而阅者之学问知识则尤参差不齐,于阅读研究之时,其最沮丧人之兴致,阻碍人之前进者,厥惟字之音义与根原,名辞之意义与出处,不能确切认识,彻底明了,何能满其求知之欲?求知之欲不能满,则图书馆对阅者之服务即不得谓为克尽厥职,殊违图书馆之宗旨。是故字典一书,在图书馆中诚有不可斯须或缺之参考价值,特值图书馆之重视者也。

百科全书

百科全书者,即我国向来所谓之类书也。类书之意义采辑群书,或以类分,或以字分,便检寻之用者,是为类书。以类分之类书有二:甲、兼收各类如艺文类聚,太平御览等;乙、专收一类,如小名录,职官分记等。以字分之类书有二:甲、齐句尾之字,如韵海镜源,佩文韵府等是;乙、齐句首之字,如骈字类编是。外国之百科全书,则率指包罗万有,记载简明,排比顺序,检查便利之书籍,无论中外,概皆内容广博,卷帙浩繁,故只可供阅者之参考,不能为读物也。

丛书实一普通之类书,或分类之类书也。四库全书一大丛书也,而经史子集俱全。通志堂经解,皇清经解,说经之书俱在焉;二十四史,述事之书俱在焉;二十二子,百子全书,立说之书皆在焉;张浦之百三家集,六朝以前之集皆在焉;严可均之全上古…文,六朝以前之文皆在焉。诗话总于历代诗话;诗余总于彊村词书为参考之事者,知其一可获其全,异分以识其合,丛书者固为学者之所取资也。附于百科全书之后,谁曰不宜?

人之知识有限,而应知之事无穷,苟欲尽量以求其知,则惟有尽力以求其知。但求知之道不同,有捷径焉。有正轨焉。循正轨则行迟而所获者少,由捷径则进速而所得者多。夫百科全书所载

3

者,例甚简明,而专书所论者则率颇冗长,且所欲知之题目,图书馆有否专书,尚为一颇有可能性之问题,故从博学广闻,利便经济上言之,百科全书诚为求知之捷径,而为任何图书馆所应置备之参考书也。

舆图

字典百科全书与舆图,乃参考室中之基本书籍,而三者之中尤以舆图最能引人入胜。固有视字典为异宝,百科全书为奇珍者,然为数殊少,而尚舆图者则比比皆是。盖因舆图不仅可供学术上之参考,亦堪资建设上之借镜焉。

舆图之种类颇繁,曰地理舆图,曰历史舆图,曰商业舆图,曰地质舆图,曰房产舆图,曰航海舆图,曰行军舆图,曰地势舆图,曰运输舆图,曰家政舆图等,不胜枚举。种类虽多,但采购之标准则视图书馆之性质大小而异。惟地理舆图一种,则任何图书馆须择其最精者购置数份。然在普通图书馆中除地理舆图外,历史与商业舆图,亦颇重要,而应尽先置备者也。

我国志书一类,亦应列此,其所载者,乃方域、山川、风俗、人物、物产、古迹、险要等,如以体别,则志书颇具字典或类书之性质,宜归字典或类书项下,第以其与舆图有左图右书之密切关系,故为便利计,志书一类不能出此。至于其参考之价值,与上述三者不相上下,外国之地名辞典,与我国志书有相似处,惟对于地名则较我国为重视,如历代名称之沿革,读音等,皆其特重之要素也。

游历指南,在参考室中亦占重要位置,其所载者概为地方舆图,城市图案及普通舆图所不列之房舍、地址、图书馆、博物院、历史、游线、名胜、古迹、交通、商业等,实为初至一地之外方人士所必须之参考书也。游历指南与舆图亦有互相为用之密切关系。

书目

书目,书之目也。其编制之标准,以书为目,其学不限于一科一门,其书不限于一时一地,故有古今中外之书,即有古今中外之目,有经史子集之书,即有经史子集之目,一国有一国之书目,一代有一代之书目,一人有一人之书目,一学有一学之书目,至如书之优劣也,年代也,偏重也,价值也,体积也,出处也,所在也,著者也,风格也,沿革也,等等,无不论及,故其范围广而用途大,固非寻常目录簿计而已也。

外国书目,概有念余种,而最要者不过四种:曰国家书目,曰营业书目,曰普通书目,曰种类书目。国家书目记一国所出之书或论一国之书。营业书目记正在印刷中或售卖中之书,诸如时间、地点、著者、价格等,无不具备,原为辅助营业者也。普通书目乃一不限于时代,方域,种类及著者之书籍。种类书目,记专论某题之书籍或稿件。四种书目,名实相符,而其参考价值之大,亦可一目了然,是故外国政府机关,学会,印刷界,图书馆,基金会等,多努力从事于书目之编纂也。

我国书目犹未有相当进展,故尚不能以外国书目之类别而类我国书目。但我国书目亦未始不可自类。杜君定友分为八类,颇为详明,兹从之:一、史家书目,二、学术书目,三、引用书目,四、书目之书目,五、版刻书目,六、考订书目,七、解题书目,八、毁阙书目。史家书目为历代掌史之官所编,用以记一代之有无,即外国所谓之国家书目也。一国有一国之书,故一国有一国之目,编书目者,不必问书之所在,只应问书之有无,有此书目则一代出版之盛衰可见,所刊书目之内容及学术之进展可知,一国之中可以时代分,亦可以区域分,故其种类无限,应用极广。欧美诸国,复有年报,月报,故检某月书目,即知国内某月所出版之书,于图书之选择考证,便利实多。学术书目即所谓种类书目也。学术门目难繁,但于编制书目上则总之分之皆可,且亦无时间区域之分。故学术书目,种类至夥,所编书目长短不拘,三数书籍,亦可为目,千万卷帙,亦可为目,其伸缩增减,绝无限制,但求能适用可耳,诚研究学术之重要门径也。引用书目,原为学术书目,第以我国分类,往往体义混淆,故虽为学术书目,然因习惯关系,仍自成一类。书目之书目,顾名思义,当知为书目之总目。此种书目,为藏书家及书目学家之重要参考工具,惜中外刊行者尚少耳。版刻书目,犹言书目之以版刻为主也。于赏鉴家及板本学家最为有用。考订书目,记诸书之考证。解题书目,载诸书之题跋。毁阙书目,则顾名可知其义矣。观乎上述,则书目范围之广,参考价值之大,可想见矣。至于编次体例亦颇不同,有分类者,有编年者,有别地者,有排字者,有论证者,要皆因类制宜,图便利于学者而已。

书目之分类,又有按小序及解题之有无别之为四者:(一)部类之后有小序,书名之下有解题者,如文献通考·经籍考,四库全书总目提要等。(二)部类之后有小序,书名之下无解题者,如汉志隋志等。(三)部类之后无小序,书名之下有解题者,如郡斋读书志,直斋书录解题等。(四)小序解题俱无,但记书名者,如通志·艺文略,尤袤遂初堂书目等。亦有依派别而分者,大抵有三:一曰解题派,始于汉刘氏父子之七略别录,历宋之崇文总目叙释,晁公武郡斋读书志,陈振孙书录解题,至清代四库全书提要集其大成。以条叙学术派别,论断群书得失为主旨。二曰簿录派,其例创自旧唐书经籍志,至南宋始完全成立。郑樵作通志二十略,欲凌跨前人,谓崇文总目叙释为繁文,故其艺文一略,无所诠释,高宗且因其建议而废崇文总目之解题,尤袤遂初堂书目亦因之。自是以后,仅记甲乙部次,只标图书名目之书目,遂与其他两派并行。三曰考订派,自镂版兴,书出日富,书误日滋,经宋元明迄清,书之版刻愈积愈夥,于是有清一代,著录家喜言校勘、板本之学,蔚成考订派之目录学者,专究板本之先后,钞校之精粗,音训之异同,字画之增损,授受之源流,翻摹之本末,篇第之多寡,行字之数目,行幅之疏密,装缀之优劣等。

书目之要义,就各家之说,概有六端:(一)述作者之意论其指归,辨其讹谬(隋志)。(二)览录而知旨,观目而知词,不见古人之面而知古人之心(毋煛)。(三)稍述作者之旨以诏后人,大纲粗举辞不费而书之本末俱见(朱竹垞)。(四)品题得失,藉以求古书之崖略,辨今书之真伪,并核其异同(四库提要)。(五)考证存帙,补正史缺遗,阐明指要,资学者博识(王先谦)。(六)择撢群艺,研核臧否,为校雠之总汇,考镜之渊薮(孙诒让)。

年鉴

年鉴之体例就显著者分,可有四种:一曰传记之属,专载年内名人略历,广而宇宙,狭而一地,大而各界,小而一行,莫不可编辑成书。故此种年鉴,汗牛充栋,增加之速大有一日千里之势。二曰统计之属,汇辑年内各种统计,以便民众之观览。此种年鉴,例为政府机关所出版,概皆专限于一国。三曰历书之属,顾名思义,当知此种年鉴,系以历日为经,事物为纬,虽多陈旧过期之弊,然于按时查事时,则颇觉便利。四曰汇总之属,此种年鉴内容最为丰富,如年内之各种统计,传纪,杂事,著述,记录,摘要等,无不俱载,乃最简洁而历久之一种也。如能继续出版,逐加改良,则其价值尤大而堪资信赖。据云一完善百科全书之作成,约须百年,苟然,则一完善年鉴之作成,三十余年而即可矣。此种年鉴,无论何期,其参考之价值与超等杂志相同,至堪珍藏。

墨济氏(Isadore Gilbert Mudge)所拟之英文参考书百种选,年鉴占十一种,由是可见年鉴在参考书中所居之地位矣。至于参考部应备若干年鉴,则无确数之可定,但年鉴之数目何下万千,只就传纪之属一种而言,其繁殖之速,颇堪惊人,固不仅数量之增加而已也,内容亦扩广焉。观夫 Who's Who in America 一书,于念五载中,竟由八百七十余页而增至四千余页,可知之矣。是盖环境之需要所使然也。

指南

指南为指示地址者也,其种类绝无限制,律师,医士,工匠,科学家,银行,学校,医院,会社,新闻纸,图书馆,博物院,名胜古迹,推而及于各色人等,一切组织莫不可有指南。但指南之寻常意义,则指一种一城一区或一省居民之指南。图书馆所采购者,则往往各种悉备,固不仅寻常所谓之一种也。

指南之功用颇大,其与吾人以确切之地址,不过其显明而小焉者耳。若夫商家之赖以直接售货,因而扩广其生意也;律师之藉以查探对方,因而操握其左券也;考察家与统计家之从此可求知何业有何支派,何业在何处最为茂盛也;售货者与购货者之由此可明何地可销售何地可购求也;与夫因此参考书而获益之其他事项也;斯乃指南隐而大之功用也。

指南之参考功用,往往在某一图书馆特为广大。如美国 Newark Business Branch,购有二千四百余种指南之夥,每年之订购费约二千五百余元美金,指南在此处流通之百分率至少占全部之四十。由此可见指南在参考部所占之地位诚可惊人也。

索引

将书籍之内容钩玄提要,别为目录,以适当之方法排比之,以简明之符号标识之,为便检索者,日本谓之索引。吾国索引二字则指牵引之意。易林,爱我婴女,索引不得,与日本所谓之索引,表面上虽似不同,实际上则无大别。夫书籍无索引则其中之宝藏不易得,有则良易。可见索引犹一线索,系乎两端,非牵引之意而何,近国人有称索引为引得者,乃译自英文 Index 一字,此翻译较索引二字尤切当,以既不失英文之音,复不失英文之义也。第以其出世较晚,难遍周知,故本编仍从日文。

索引之种类甚多,以刊物分有书籍索引,有杂志索引,有报章索引,有索引之索引,盖无刊物而不可有索引也。以编制分,有著者索引,有书名索引,有种类索引,有题目索引,有人名索引,有地名索引,有时名索引,有物名索引等。以形式分,有分订索引,有合订索引,有累积索引等。以排比分,有字典式索引,有纪录式索引等。要皆以适宜与便检为标准。

索引功用之大小,悉视其编制之精粗而异。编制精则功用极大。编制粗则功用甚小。良以草率讹谬之索引,既不能与吾人以简明之纲要,复不能与吾人以准确之出处,匪唯难资利用,抑且足以致害。是故索引必须绝对精当准确然后方有极大之参考价值。粗劣之索引已无存在之可能,盖因索引一法,已成为一种技术,非复偶然发现之事矣。索引之原理与方法,已有详明之论著,吾人不可忽视者也。我国往昔虽乏索引之名与书,然书籍之类之者亦非绝无,如佩文韵府,骈字类编等均颇有索引之意,第乏近代之索引原则及科学之方法耳。迩来索引之法,渐见昌明,索引之作或不难日多一日也。

目录

目录与书目性质相近,书目不计书之处所,但计书之有无,目录则除计书之有无外,并计书之处所,盖有书在此,此处始有目录也。目录与书目性质虽相近但目录可变为书目而书目则不可转为目录,良以一处之书必难永存,苟已不存,则目录即变为书目矣。若夫依书目所载而悉搜罗之,则诚难能之事也,故曰书目不可转为目录。

就编制上分,目录之种类大抵有八:一曰书名目录,二曰著者目录,三曰种类目录,四曰分类目录,五曰参考目录,六曰分析目录,七曰书架目录,八曰字典式目录。就形式上分,概有两种:一曰卡片式目录,(有印就者,如美国国会图书馆所印者;有自作者。)二曰书本式目录。(有活叶者,有塞幅者,有印就者,有自书者。)若就界别上分,则无限制矣。但于研究上最资参考者,则惟有图书馆目录与营业目录二种而已。

图书馆目录共有二种:一曰公共图书馆目录,二曰私立图书馆目录。前者之编目通甚精密,而后者则多载珍贵善本书籍。惟近今因公共图书馆之设备完善与管理得法,私立图书馆之藏书有渐移入其中之势。然以公私图书馆之书本式目录渐渐减少之故,参考主任或书目家往往于考究书籍之出处时感觉极大之困难,然亦时势所使然无可如何者也。

营业目录乃书贾所作,其精确功用及形式绝不一致,有极劣者,有特优者,固不可一视同仁也。此种目录在参考事务上之功用,乃在便于选择书籍,搜辑特藏及补充或建造普通图书馆。此种目录之最精者,可与书目抗衡,第粗草不合目录原则者过多,匪惟不值参考,抑且足乱选择,故于搜罗此种目录时,必须特加谨慎也。

参考材料之种类一之二

参考材料之意义前已论之矣,盖既非真正之参考书籍,复非纯粹之普通书籍,惟以其中颇具堪资参考之材料,故谓之参考材料。然从广义上言,则一切普通书籍均与参考问题有关,然则均谓之参考材料耶? 曰,不然。一切普通书籍,虽与参考问题有关,但其关系是否必然发生,又是否屡屡发生,诚一问题。就事实而论,二者关系之发生概为偶然之事,且用为参考之处,通亦甚少,依参考材料定义而论,普通书籍自为普通书籍,不得悉名为参考材料也。其可名参考材料者,则有九种:曰杂志,曰新闻纸,曰官书,曰会社刊物,曰机关报告,曰学位论文,曰服物团体刊物,曰考察刊物,曰单行篇。然因时代关系类别不无增减,良以刊物之种类必难永久不变也。

杂志

杂志乃定期出版物,如周刊、旬刊、半月刊、月刊、两月刊、季刊、半年刊、年刊等,凡出版有一定之期限者,均得谓之杂志。按英文 Magazine(杂志)一字,原本仓库之意,盖以杂志无所不载故名。

杂志虽无所不载,然亦非漫无限制,盖各杂志有各杂志之宗旨,以表明其使命而划清其范围,如斯于选材上方不致茫无遵循,于阅读者方不致无所选择,是故杂志亦有类别焉。所谓无所不载者,盖指一切杂志或某种杂志之对于一切或某类学科或事物而言,固有一种杂志而包罗万象者,第殊不多睹耳。杂志之类别据某外人所分,共有下列十二类,虽不免简略拢统,然施之于吾人所习见者,亦可该括泰半矣。

妇女杂志	家庭杂志	卫生杂志	职业杂志
宗教杂志	诙谐杂志	文艺杂志	评论杂志
小说杂志	社会杂志	讥讽杂志	专门科学杂志

丛刊之中,以杂志为最重要而有用,在参考部中,亦占极大之领域,其补苴书籍之不足,尤为他种刊物所不及。观夫阅者需要之急,及使用之广,可见一斑。故近五十年来,杂志之讨论一类或多类者,特别增加,颇有一日千里之势。世界最大之图书馆,有备七八千种至万余种者。美国图书馆之照常订购三五千种者,亦颇多,且多装订而保存之。然仍似不满阅者之欲望,因之杂志费变为书籍费强有力之压迫者,参考图书馆几以书目费之一半为订购及装订丛刊者颇多,而丛刊之中杂志又居其泰半,甚有参考职员竟愿以四分之三或尤多之书籍预算,为购杂志之用。凡此种种现象与意见,均足表明杂志之重大价值,至于杂志之功用,究竟如何,可于下列七项中见之。

（一）杂志所刊载之题目，多为图书馆中书目所不载者，或竟尚无专书论之者，尤其于微细奇特本地及偶然之问题，此种情形尤然，且杂志之稿件多甚简短精悍，为一般书籍所不及。

（二）欲从刊物中得最新颖之参考材料，则惟有求诸杂志，盖因杂志之出版极速，不若书籍之耗时费力也。是故杂志对于科学、工艺、政治、经济、实业等问题，均有特别广大之功用。

（三）关于某人、某事、某题、某书等，往往惟杂志、新闻纸及记录三者，能表现一时民众之意见，故三者世谓为储藏社会时代思想见解之宝库。而三者之中，尤以杂志在一般图书馆中为最有用与最易用。

（四）多数优美杂志，均有索引，或在一种普通索引中，或在数种普通索引中，或积年累卷而自成一索引不等。如斯，则颇便检查而增加其参考价值。

（五）精美杂志与精良书籍相同，均为吾人所利赖。

（六）各界有权威者，往往宁愿投稿杂志，而不愿著书。

（七）一般杂志多载佳妙短小之文，如概论、摘要、节略、总意之类，于参考事务上特为重要。关于科学之节略，近十余年来，杂志之质量两方均颇进步，此种杂志在浩博之参考材料中，为研究上最重要而极必须之工具。在今日服务扩广，联合目录行世之时，此种节略杂志渐渐增广其用途。如有累积式之索引而辅助之，则其功用诚有不可限量者矣。

在十七十八两世纪中，一切新发明之露布及宗教政治科学等之宣示，概多刊于书籍或小册中，嗣后杂志竟占小册之地位，而小册则变为杂志稿件之翻版矣。于是小册价值一落千丈而成为朝生暮死之刊物。此种变迁，自他方面论之，固极可嘉，但从图书馆方面论之，则不甚美满，盖管理上增加困难颇多也。单行小册，例与一部或一卷无何干系，而自成一书，故可以一书待之，而按其著者编目，然后与同类者同插于架上。此种办法固颇完善，但杂志则与

12

小册不同矣。杂志之内容包罗万象,既须编制索引,复不能(此言普通杂志)从义而分类,按著者而编目仅可从体插架而已。故从分类编目与检查上言,殊不若小册为便利也。

新闻纸

报纸今通称为新闻纸,定期出版,所以报告社会及政治上之事项者。按赵升朝野类要,朝报每日门下后省编定,请给事判报,方行下都进奏,院报行天下,其有所谓内探、省探、衙探之类,皆衷私小报,率有漏泄之禁,故隐而号之曰新闻。则宋时已有此称。

新闻纸往往为参考事务上所不可少之材料,现行期号于日常发生之各种问题、现代史料、政治新闻、地方事件、一代或一地之民意等参考事务尤有帮助。盖因新闻纸乃时代之记录,民意之总汇,微小奇特事项之登记簿也。装订完善之新闻纸,在参考材料中颇具威权。

为推广新闻纸之功用起见,图书馆应备三种参考助物:(一)索引,(二)目录,(三)其他图书馆之目录。杂志虽亦需要此三者,第与新闻纸则稍有不同。例如杂志有总索引如普鲁氏之杂志索引,而新闻纸则无之。类此之新闻纸总索引,匪惟为不可能之工作,且亦不需要是种索引,盖因一般新闻纸所载者,无论时间与事项,大抵无何大异,一事之日期乃重要之线索,故仅作一日期索引,或本一具权威之新闻纸作一索引,即可供普通一般新闻纸之用矣。虽然,上所言者,盖指有公共兴趣之问题而言,至于纯粹属于地方之事项,或特殊稿件,或社论,则上述之两种索引无与焉。

新闻纸苟无索引,则寻求参考材料时必须逐张按日翻阅,甚或检查数日而仍不得,其迟慢误事孰甚?而新闻纸之功用与价值亦因之大为减降,如有索引则举手可得,其便利与功用之大,价值之高,当不可同日而语也。惜我国对于索引之重要,尚未十分明了,虽有提倡颇力者,然仅寥寥数人而已。因之一切学术之宝藏,知识之秘库,仍然紧闭固锁,并启良难。况新闻纸又为幼稚微末之刊物哉？更少有顾及者矣。可惜也夫！

新闻纸之参考价值,乃系与日俱增,此与现行新书不同之处也。凡藏有颇多新闻纸者,当不河汉斯言。是故各大图书馆及一般参考图书馆,多不惜巨资而从事于新闻纸之购求装订与保存也。

官书

官书者,凡政府出版品无论其为整卷、散篇、图表、小册或书籍,苟系发端或印刷于合法政府之任何厅、部、局、所、署、衙,或为此等机关所出资或监督刊印者,均谓之官书。

就内容分,官书概有两种:其一关于行政者;其二关于研究者。行政官书所载者,多系政府机关事务之报告,故其篇幅往往为各种统计所充满,年复一年,绝少变更,殊觉呆板也。研究官书所载者,则多为政府大小机关对于各种学科事务经过勤奋精心研究考察所获之结果,主事者多为专门家及淹博之士,故研究官书在图书馆颇占一席要地。

官书之范围,既如上述之广,故其堪资参考之材料亦多。如社会科学、政治科学、经济学、统计学、地质学、气象学、人种学、财政、劳工、实业、教育、历史、农业及其他学科事物,无不悉备。为精益求精计,政府多有特设机关以司其事者,由是可见官书不仅为参考上所宜备,且亦堪资信赖之材料也。

官书之功用虽大,第颇难明了与利用,故一般参考者往往不能善用其材料。但其惟一之困难,则不外出版无固定之体制与卷册,是以使用之时,必须借助于为官书而作之目录、书目与索引。如此然后始无困难,故欲参考官书者,必先充分明了此三种工具,否则不可。近数十年来,此三种工具虽制作不少,但多为显著之官书所备,其较轻微者则尚乏此等利器也。

图书馆为最适当而被政府谨慎选定之官书贮藏所,故惟有图书馆搜辑官书,亦惟有图书馆与以有系统有理性之管理,如此则参考时良多便利。但一般偶然或殷切之官书参考者,则仍赖图书馆之指导与辅助,故图书馆之责任不仅在整理官书以便检查而已,其对于官书之次序、性质、内容、出处、书目及辅助致用之一切工具,亦应充分明了,以便指导与辅助参考者,如此方可表现图书馆服务社会之精神,及宣示官书之真实价值。第图书馆之藏有全份世界官书者,极不多睹,殊为憾事耳。

官书之范围虽广,功用虽大,引诱力虽强,价值虽无限量,然而一般非图书馆界之人士,确能明了而珍重之者,则尚属寥寥,故竭力宣传以露布其功能,而促人之利用一事,诚为图书馆当务之急。

会社刊物

近二十年来,会社发达极速,不仅数量增加,而范围亦扩大矣。因之会社之间亦发生莫大之区别。在昔会社之创立,多具普通之性质,其名称或含神圣之意义,或示冠冕之宗旨不等。但自新式学校蓄生,各种科学及其他问题亦随之而增繁,由是科别愈趋愈窄,门目益演益专,而一般普通会社遂亦化整为零,比及零散部分势力日强,则复呈分裂之势,于是一化再化,蕃殖无穷,是故现代无论何行何界,均有协会之组织,而支会或联合团体,则散布于各省各地,可见会社繁茂之梗概矣。

依性质分,会社只可分为学术会社与非学术会社两种。如详细分之,则何下千百种,且尚非固定也。就地理分则可有三种:国际会社,国家会社,及地方会社(省市府县村镇等均在内)。

会社刊物在参考上与杂志有类似之功能与重要。质言之,此种刊物可与图书馆以关于某种问题新颖可靠之参考材料,以补书籍之缺欠。犹有胜于杂志者,此种刊物中之著述概皆直接根据元始之考察及研究,且具文学及科学性质,是皆一般普通杂志所不及者也。然亦职斯故,会社稿件虽著录于特种目录及索引中,而一般

15

普通杂志索引则多不列之,盖以其疆界有限也。

会社刊物亦非易用,故为便利计,亦须借助于特种杂志索引、目录及联合目录等。尤重要者,无论参考职员或编目职员,均须时常注意关于各种会社之历史、组织、职员、刊物、地址等消息,以便工作。

机关报告

铁路报告、银行报告、商业报告、图书馆报告、教育团体报告与夫其他种种机关报告,乃期报中之大宗,但其参考价值则不若上述四种刊物之大。此种报告苟经刊印,通可免费而得。图书馆虽欲与各种机关联络,藉便选择其刊物,但竭力搜辑其全者,则仍属无几。盖因此种刊物虽可免费而得,然非易得。缘因非因出版无固定之处所,即因须间接求之。何以言之?凡属报告乃报告其上司,上司为个人、为团体、抑为政府不等,为个人、为团体,则求全颇难;为政府,则此种报告又成为官书矣。是故虽可免费而得,而求全则颇不易也。

机关报告亦有摘要、节略等,但常与他种刊物汇辑一处,因此颇难识其真相,而其重要之本质亦往往隐蔽散失。报告之单篇零章,复常为商界及通讯社所用,因之图书馆于搜求某种全份报告时,颇感困难,此亦图书馆多不愿竭力求全之一因。

机关报告是否忠实可靠,实有疑问。吾人固不敢下一绝对之断语,而曰凡属报告皆具粉饰奉承性质,然吾人于使用之时,则不可不谨慎也。不然,则或受其蛊惑,为害实大。报告之最可疑者,厥惟惟利是图之公司报告。

机关报告虽多可疑,然其优点亦不可隐。兹列于下以见一般。

(一)机关报告咸具原本材料。

(二)机关报告乃正式消息,其摘要在他处虽较易得,然仍不减原本事项及统计之价值。

16

(三)机关报告有永久之价值。(此非言一切报告在一切图书馆均有永久之价值,乃谓数种报告在一切图书馆有永久之价值,或一切报告在数种图书馆有永久之价值也。)

(四)机关报告乃灵活材料,盖因机关报告详述实际处理事务之方法与步骤,乃理论之对照,故云。

学位论文

学位论文每年为数颇夥,故成为一种特别专门之参考材料。关于学位论文之目录及索引,虽尚足用,第学位论文本身则颇难整理,因之使用时仍感不便。

学位论文限于创作,故每篇必须论一新题,苟经刊印即为关于该类问题之破天荒材料,其于关心该问题者之价值,当可想见。惜其无上之价值与功用,仅大学专门学校及大参考图书馆知之。

服务团体刊物

现代之服务团体日增月累,颇呈蒸蒸日上之势。其性质则或属于商界,或属于社会,或属于学术,或属于出版,或属于其他事务,极不一致。因之其工作亦恒相异。然其宗旨则均在以巧妙之方法,相当之代价,服务人类。其刊物之佳者颇少,故往往择购之时,费用颇巨。然苟与自行办理是项事务之费用较,则仍属低廉也。乞灵于此种服务团体者,多为个人及商家。图书馆则除具特种性质者外,余多不赖之,以订购之费既昂而所得之材料复仅珍贵于当时,而乏永久之价值,于普通图书馆之永久庋藏绝少补益也,然此种服务材料之颇资参考者,亦自非鲜,普通图书馆亦应酌量购置其重要者也。

考察刊物

近数年来此种刊物之繁,犹如恒河之沙。其创办与出版者概为各种基金会、研究机关、考察组织、政府、调查团体及个人之于此事业有兴趣者等。此种刊物须具精妙之专门学问与技术,故其消息通甚灵敏,见解例极高超,而材料亦颇丰富,用途亦殊广大,堪为参考材料之一种。

单行篇

会社之使命原为弘布知识及学术,然能否克尽厥职,是在自为。故一般会社除按期出版固定之刊物外,复刊行极多单行篇。单行篇者,固定刊物中稿件之翻版也。以不如此则宝贵之稿件多埋没于固定刊物之中,而固定刊物又仅能达于有限之会员,而不能及于多数之学者,如此则大违弘布知识学问之宗旨与使命。但自刊行单行篇后,世界各处学者均可得之,嘉惠士林,良非浅鲜,而原刊物之功用与声价,亦因之而十倍于昔矣。

会社刊物五花八门,故堪资参考之材料极富,其优点一也;而可以单行者,当以其有可单行之价值,足资信赖,其优点二也;且单行篇例颇简短,不似书籍之冗长,故于使用上极感便利,其优点三也。有此三种优点,故特列为参考材料。

审查优劣法一之三

无论参考部之事务何等复杂繁重,但参考书籍则永为一切事务之基础,故参考书籍必须充足而精良。良以不充足则无以应比比参考者之需要,不精良则难以满孜孜研究者之欲望也。量与质之重要,于斯可见矣。夫充足之书,非难得也,经费绰裕可耳。而精良之书,则不易求也。盖因虽有绰裕之经费,而不经精细之审查,则所购者,必难尽为善本。况自图书馆蓄生以来,书贾之欲与图书馆交易者亦日见繁夥,售者既多,良莠难齐,而劣货亦渐充斥市上，购求者稍有不慎，则将受其欺骗。图书馆无非仅受经济上之损失，为害尚不至巨，而一般参考者则微独自身之知识学问受其莫大之影响，且将遗害于无穷，为害实大也。矧上所言者，原为增势比较之辞，非谓图书馆以受经济上之损失为无关紧要之事也。试问图书馆所恃以存在者为何？得非经费乎？若轻其所恃者，吾未之见也。且购书之格言，又系以最少之金钱，而购最多最精之书籍，经费之重要岂可忽视？大图书馆经费浩博，稍受损失犹可为拨抵借用之计，所谓亡羊补牢，尚未为晚，尚不至顿感支绌。而小图书馆预算有限，苟受损失，则难以救药，如强为张冠李戴之计，则立呈捉衿见肘之势。且参考书籍，卷帙通颇繁夥，价格因以昂贵，购求一失，痛痒即感，是故无论为任何方面计，参考书籍必须经过精细之审查方可购置。

图书馆审查一切书籍应极透彻，而其审查之观点，亦往往与一般书评家多有不同。故凡初至图书馆之参考书籍经过审慎详细之查考后，最好将所得之结果加以保存，以便训练参考职员时，比较类似书籍时，作书评时，编书目时，助他人购参考书时，辅佐出版者时之用是诚一劳永逸之法也。

参考材料，本编粗定为九种，即杂志、新闻纸、官书、会社刊物、机关报告、学位论文、服务团体刊物、考察刊物、单行篇。九种之中，非为图书馆之普通固定庋藏而常为人所讨论者，即系免费赠品而碍难苛求入微者，是以本编虽定之为参考材料，然无与参考书籍同受过细审查之必要。本编审查优劣之法，仅限于各种嫡系参考书籍，至于叙述之次第，则仍依参考书籍之种类一章，先列参考书籍之名，然后名下列以应审查之各项。虽中外书籍之体裁组织编辑等，多有不同，但本章所举各项则宁赘勿略，盖取以繁括简之意，而求适用于一切。良以所举者虽难悉具于一种书籍，而一切书籍应受审查之点，则难出乎划定之范围也。再者所举之各项，虽已审查完毕，然如在可能情形之下，则以与其他同类书籍互相比较为最佳。比较之事,则以专门人才或博学之土行之为最当,以易于辨别也。

字典

第一步审查

1. 名称　有无变更及其他特别情形

2. 编校人　出版者　出版日期　注册日期　版次

3. 本字典或他书被并入者之历史与系统

4. 本字典之宗旨与范围　所括之时期与科别

5. 投稿者　职员—资格及声望

6. 编排符号标记指南简字等之解释

7. 文字及编纂之历史

8. 本字典特点之陈述

第二步审查

1. 内容

a. 字数(如何计算)采入者及摈弃者

b. 特质(如俚语方言借用字废字简字科学名辞专门名辞基督姓名外国成语等)量数及如何编入(另备附表抑与正字合列)双字母之简易缀字类集与的著法

c. 图解(量与质均须注意)

2. 每字

a. 排比(方法便利否)

b. 缀音法(众数动词变体分词等均在内)

c. 缀音区分法与字体分连法

d. 读音法(如何标记标记之法精确否)

e. 伟体字母使用法

f. 字原变体(详细正确否)

g. 历史(音义用法等之变迁有否说明并具否时代)

h. 注释(清楚正确充足否编列之次序如何)

i. 引证(繁夥否　出处正确否　是否依时代次序并加日期以便追寻其根源)

j. 标准与用法(废字俗字等均注明否)

k. 有否百科全书性质

l. 同义字与反义字

m. 参照(缀音法与同义字)

n. 众数名词及动词之变体

第三步审查

附录　如世界大事表各种符表号表列国神圣英雄表语言分类表行政区域表度量衡币表电报号码表商埠表化学原质物理名辞度量表外国字成语及格言表简字表公牍款式表传纪表名小说表文学隐语表等等盖非固定者也宜察其附录之多寡及详确否

第四审查

1. 装订(材料及方法以观耐用否)

2. 样式(美观否)

3. 卷帙若干

4. 纸张(反映力强否坚固否)

5. 行格(醒目否便阅览否地位经济否)

6. 字体(大小适宜否清楚易识否)

7. 印刷(颜色适宜否有无印色臭味行格齐密边框端正一律否有无模糊处所)

8. 贝顶或书口之指导字页数及其他助便检查之物适当清楚足用否

百科全书

第一步审查　文学方面

1. 精确(可就所知之事而审查之)

2. 完全(可就微末或奇特之事而审查之)

3. 适于时否并有否日期(特别关于各种统计)

4. 稿件署名否及投稿者之声名如何

5. 体裁　属于下列何种

a. 典雅

b. 通俗

c. 明朗

d. 暗昧

e. 紧密

f. 松疏

g. 锐利

h. 钝涩

i. 其他

6. 匀配　下列各项是否匀配

a. 范围(所限制者述明否)

b. 稿件之长短

c. 偏重及各类之强弱

7. 公平抑偏党　有无特别辩护

8. 历史(所本者何书并包括现在编辑者出版者注册日期出版日期及版次等)

9. 有否一定计画并始终遵行否

10. 序言是否直率坦白抑遮盖粉饰特应注意细微确定之处(精良之书其序言之陈述亦必确定恳切粗劣之书其序言之陈述亦必圆滑敷衍)

11. 国家观念重否

第二步审查　编制方面

1. 编列

a. 依字顺类顺时顺抑依其他方法该法适当完善否

b. 清楚简单易用否

c. 题目清晰否每页上有无逐页书名

d. 如依大题排比或不依字顺另外有否字顺小题索引

e. 页顶或书口有无始终字样及其他便利检查之字样或标记

f. 参照

（1）充足否

（2）如何列入与正题同一字顺抑另在附录中或索引中

g. 长稿有否提要

h. 长稿中之小题有否索引参照

2. 书目

a. 永备否

b. 详简若何

c. 有否注释

d. 适于现代否

e. 易用否

f. 外国书籍在内否

g. 精审否

3. 简字及他种符号之有无并有否解释

4. 图表等

a. 繁夥否

b. 品质如何

c. 制作者来源尺寸时代等均说明否

d. 只为美观抑确能增加其相属稿件之价值

5. 附表正误等显然易见否

6. 如系再版该版是否完全新版抑仅稍加修正

第三步审查　体质方面

1. 卷数多寡

2. 装订若何

3. 纸张厚薄

4. 字体大小

5. 印刷清楚洁净否

6. 行格适宜经济否

第四步审查　特殊方面

1. 读音法之有无

2. 是否活页以便加入新材料

3. 其他

舆图

第一步审查

1. 种类—特种舆图抑普通舆图如系特种舆图查其确有特种独到之处否如系普通舆图观其内容丰富否性质普泛否

2. 出处—由出处可以断定舆图品质之优劣及其偏重之点例如美国出版之舆图则多含美国之城市区域而英法出版者则多含英法之城市区域此乃不易之理而何国出版品精美何国作品科学化等等特点均可由出处而推知之再出处不仅限于国别小而一人一地亦往往因之而能判断图舆之良否

3. 日期—日期包括出版日期注册日期序言日期重订日期等审查时务须注意一舆图之日期是否完全一律欲得最近之舆图知识则惟有求诸最近之舆图盖因世界变化莫测而舆图必亦随之更易也即如欧战一役几使战前之舆图完全失其正确但旧舆图亦自有其在历史上永久之参考价值亦非可轻视者也舆图日期之确否可以新建之铁路大路城市水利新发现国界变更新名称等证明之其无日期者亦以此法及作者之姓名住址等推知其大概

第二步审查

1. 面积—凡舆图之尺寸过小及不易绘画与列举主要之地名者几等于毫无价值而大小适宜者则例载世界一切开化区域其区域之

面积是否指示清楚斯乃亟宜审查者也

2.绘图—绘图乃重要之事但颇专门而艰难至于至何程度方为尽善尽美斯须有专门之知识者始能鉴别然苟将百科全书中关于绘图之论文阅读一过或亦不无补益也

3.着色—各种颜色固定否区别显然否颜色轻重如何妨碍字体否每图之颜色何者系何意义有否解释

4.正确—舆图所载者及经纬度正确否完全否审查者如非专家则颇难判断全图但可就自己熟知之处详细审查之或与其他相同舆图比较之亦可知全图之大概

5.索引

a.全册有无一总索引抑每国或每图另有一索引

b.如有总索引该索引与舆图在一册抑另在一册

c.索引包括其他事项否如各地人口数目地名读音法及经纬度等

d.索引所列者仅图上之名称抑尚有他地者

e.索引如何指示某地在某图之位置

(1)用页边字母及数字所指之位置方格耶

(2)用一框架"frame"耶如 Times Atlas 所用者

(3)用经纬度耶

f.舆图上之名称悉列入索引中否

g.索引中之名称备载于舆图否

第三步审查

1.增加—重要城市区域之增加如能印清而不甚拥挤则有极大之功用

2.名称—地理名称依原名抑按翻译

3.高度—用以后何法表示之

a.短线

b.层床

c. 界线及高度数字

d. 深浅色

4. 附录—除舆图及索引外尚附有其他表录否如商埠一览表铁路一览表地名一览表邮政一览表书目商业出产表等

5. 次第—先后次第依据何法并具理性否

第四步审查

1. 装订—舆图册通颇伟大苟装订不良则极易损坏此应特别注意者也

2. 印刷—字体清楚易识否其他琐碎事项如江河铁路边界等分明易辨否

3. 纸张—坚固耐用否

书目

第一步审查

1. 范围

a. 汇总书目抑选择书目

b. 何种文字

c. 时限—包括之日期时代

d. 地限—是否仅限于一国一地一人所作所刊之书籍或仅限于关于一国一地一人之书籍

e. 类限—各类书籍悉备抑仅备一类书籍（此处所谓之类体义兼包）

2. 撰编者—下列何种人

a. 本题专家

b. 书目专家

c. 博学淹通之士

d. 图书馆专家

e. 书贾

第二步审查

1. 编列—须与种类及材料相称

a. 字顺—依著者依书名抑依标题

b. 类顺—换言之即分类排比

c. 时顺—依刊物之日期抑依题目之年代

d. 按以上某种与某种之联合排比抑按全数之联合排比

e. 地顺—依地理上之次序排比

f. 按学术体制排比如诗词歌赋书籍杂志小说戏剧等

g. 索引—须可补苴所采用编列方法之不足以便检查　索引所指示者为条款页数抑为段落

2. 体裁—属于下列何种

a. 款目式

b. 叙述式

c. 表格式

d. 部类之后有小序书名之下有解题者

e. 部类之后有小序书名之下无解题者

f. 部类之后无小序书名之下有解题者

g. 小序解题俱无但记书名者

3. 注释

a. 描写—直论

b. 批评—苟有根据及道理此种注释则深资利用否则用之颇为危险以自骄自夸信口雌黄者颇有人在也　选择书目本身即具批评性质是亦应注意之一事

c. 符号—符号往往可增书籍之价值

d. 附录—为教员学校等所拟之特种书单等

第三步审查

1. 出处—内中所叙述或引用之书籍有无出处

2. 详简—无论从详或从简但各目须尽量侔齐不可甲目仅三言

两语而乙目则连篇累牍

3.正确—正确为书目必具之要素此要素虽有时可自编纂者而推知其梗概然亦有时自编纂者毫不能有所得良以编纂者绝不能尽为合格者也值此迷茫时际最好以其中所列自已深知之书籍为审查之材料则可推知全书之大概如何矣

4.价目—定价抑实价一处之价目抑数处之价目并何国币制

第四步审查　体质方面（见百科全书第三步审查）

年鉴

第一步审查

1.类别

a.传纪之属—此类虽甚有用而普遍第近来只图牟利者过多致书多不精良故审查此类年鉴时必须特别谨慎　列举者包括各界抑仅一界均配详尽否

b.统计之属—统计多随时改变故审查此类年鉴时各种日期为特宜注意之点

c.历书之属—所含材料之新旧乃为重要之对象

d.汇总之属—内容丰富否排比便利否材料新颖否

2.编辑者

a.政府机关

b.半官半私机关

c.会社

d.营业团体

e.学校

f.个人

g.其他

第二步审查

1.地限

a. 世界—列举者均配否有无偏重与成见

b. 一国—何者强何者弱

c. 一地—详尽否

2. 时限—无论为最近之一年抑为往昔之一年但均有参考之价值然亦须视参考者之目的物为何也

3. 编列—编列之方法须与年鉴之类别相合方增便利

a. 字顺

b. 时顺

c. 类顺

d. 地顺

e. 其他方法

4. 索引—有无索引如有是否能增检查之便利及补编列之不足

5. 根据及正确——切事项须有根据并须正确否则无用

第三步审查　体质方面(见百科全书第三步审查)

指南

第一步审查

1. 类别

a. 关于人者—特种指南抑普通指南

b. 关于机关者

c. 关于事业者—关于一种事业抑多种事业

d. 关于游历者—如名胜古迹山川城市道路指南等

e. 关于其他特殊事项者

2. 撰编者

3. 地限及时限

第二步审查

1. 体裁—下列何种

a. 款目式

b.叙述式

c.表格式

2.编列—下列何种　适宜便利否

a.字顺

b.地顺

c.类顺

d.时顺

e.其他方法

3.索引—有无索引以补编列之不足如依类项时附以字顺索等情

4.指示—地址之指示

a.准确否

b.详细否

c.清楚否

d.地名普通否(往往一处而有数名其中何者最为普通即应采用何者)

第三步审查　体质方面(见百科全书第三步审查)

索引

索引之优劣可按下列五点判断之

1.索引材料之量及种类

2.所括时期之长短

3.索引完全否

4.索引精细否换言即登录之类别如何内容之详略奚似

5.编列便利否

按上列五点而判断索引之优劣则须注意下列各项

1.索引之种类—普通索引抑特种索引如系特种索引观其特在何处是否名实相符

2.索引材料之种类及数量——材料是否精良实用有无永久价值如系普通索引视其各类材料之比率如何设为特种索引则察其关于该类之材料丰富否

3.所括之时期

a.全部所括者——除关于现行著述者外普通一般包括五十年之索引较包括二十五年者功用之大例在两倍以上

b.一卷所括者——一卷五年累积索引较五卷每年一卷索易用良多

c.注意索引是否尚有续刊抑已停版

4.如何索引

a.完全索引抑择要索引所有稿件悉被索引抑仅择其重要者索引之　时代变迁观念亦转移故择要索引往往不若完全索引用途之广且久但完全索引亦往往省略细微之事

b.依著者及标题耶　惟依著者耶　惟依标题耶　惟依名称耶

c.标题索引——是否只依捕语标题抑依目录所用之真正标题而始终不变并辅以参照条款

5.每条登录之详简——每条登录包括著者姓名稿件全名(或清楚易识之简名)杂志名称所占页数及日期等否只具卷数及页数虽已堪资检查某一稿件之用然苟将所占之完全页数列载则可示某稿件之长短甚或能表明其价值如何而确切之日期则可使查寻者一见即知某一著述是否适合需要或业已陈旧凡此种种皆为节省参考者之日力者也

6.编列

a.依字顺抑依类顺　列于一表抑列于数表

b.编列简便否　字体标题参照等确对易用否

c.卷数部分之多寡——如索引所括之时期甚长或陆续出版有无登录之累积

7.出版之迟速——如系继续刊行之索引观其新卷之出版是否紧

在所括日期之后误期愈久则索引之价值愈减尤其关于现行之问题

目录

目录与书目之别，前已论之矣，盖大同而小异也。故此处应行审查之点，与书目者亦无大别。且目录之得多可免费，尤无须吹毛求疵，蹈隙抵瑕，是故与其徒占篇幅，宁如不赘。如欲审查目录时，按书目所列各项行事可也。

购求与管理一之四

购求非难也，而购求得法实难也。管理何艰哉？而管理适宜诚不易也。盖购求之法，不外依惯例之手续而按次施行，管理之道，宁出依固定之步骤而逐步处理，然所购者是否为真正之参考书籍？所购之参考书籍是否足用？或过剩？何者应先购何者宜后置？购求有否捷径？及能否寻得利益？管理上有无固定性？符号及地位问题应如何解决？陈旧不良之参考书籍有掷除之方法否？参考者应如何引导？参考书籍之功用如何可以推广？凡此种种，皆为机械式之购求，与管理所不克顾及者也。然又均为参考部中之重要问题，颇值吾人之注意与研究者。是故本编弃购求与管理之惯例常规，而就其与参考部有密切关系与理论之问题焉，兹拟定下列九项，依次论之：

泛论	认清范围	量之决定
购置之先后	捷径与利益	观察之与管理
符号与地位	除旧方法	推广功用

泛论

在公共图书馆中一切流通书籍之采购补充及重置，例归流通部负责发起及检定;而一切参考书籍之采购补充及重置,则例归参考部负责发起及检定。其他各部职员及社会团体则为图书馆全部负责,抒陈意见。至于发起及检定之责任归参考及流通二部之原因,则不外此二部对于外界之需要知悉较详,故为应答社会人士之需要,藉完图书馆普及教育及促进文化之使命与表示服务社会之真精神计,此二种重要责任,自非他部所克担负。是故欧美各大图书馆,凡对于书籍之选购极端慎重者,莫不如斯办理。更有为便于选购书籍,例为一切书评作索引者,而此种工作,复多完成于参考部中。

购置新书之建议,往往表决于购书委员会或照例之新书会议中。此种会议之与会人员,则例为馆长、各部主任、支馆馆长及若干其他职员。但总馆长则有否决、自主、建议、选择、购置等权。上述之表决方法,与馆长之权柄,亦可施之于丛刊期刊,故往往书籍或杂志虽极精良,第以经费缺乏,馆长则可否允购置。尤其于订购新杂志时,经费问题必预先加以慎重考虑,良以一新杂志之增加,非暂时也。苟该杂志永能保持其价值,则图书馆永须预备一笔款项,此笔款项不仅为订购用也,装订之费亦须在内焉。

区别言之,参考主任在上述诸事中之职权,究为何耶?就观察所得而言,伊之职权颇不齐等,有时仅偶然及非正式的介绍书籍,亦有时负选择参考书籍之全责,甚或有时为颇有权势之书籍审查团体之主席。按理言之,无论如何,参考部在选购书籍上之职权应极重大,悉因参考部之职员对于参考书籍之搜辑及参考者之需要等,均较图书馆中其他职员知之稔且确。是故欲增加或补足参考书籍之势力,及使其适用于现时,则须赖诸参考部之兴趣、学识及毅力,而参考部所宜注意者,则为时常在本部发生之问题。尤应特别留心于未能完满答覆者,以此种问题,最能表示参考书藏之劣点,故于选购上颇资攻错。

选购参考书籍有所谓基本选购及寻常选购二种。所谓基本选购者,即创立参考部时初次之选购及扩充参考部时大宗之选购。所谓寻常选购者,即日常之零星添补。基本选购所需之工具,多为参考书目。寻常选购所需者,则概系现行目录、书目、营业书单、书评及馆内外人士之介绍等。

大学及专门学校图书馆,对于选购书籍之遵循基本,较公共图书馆者例为宽泛。盖因上二种图书馆之选购书籍,多本于教职员及特种团体之建议与介绍也。

参考部主任对于参考书籍之介绍,应无顾忌,凡有价值者,悉宜举荐之。苟此种办法过伤预算,为经费所不能应付,则可暂时酌量选购,余者则俟来日陆续添补。再无论何部主任,皆须确悉其部中之需要,其需要尤须超过其财力,良以不如此则殊难表示其对所司职务之忠诚与热心,而亦馆长所卑弃者也。尤须注意者,参考部所负之责任特为重大,例如重要参考书籍之搜辑也,弱点之补充也,主要特种庋藏之保全也,劣点之改良也,全份杂志之购置也,图书馆生气之培养也,凡此种种,咸与学术之研究有莫大之关系,不可忽视者也。

认清范围

兵不在多而在精,参考书籍何独不然?求精之道固在慎选,然苟出乎参考书籍之范围,书籍纵良而参考书藏得谓之精乎?吾知其必不得也。盖普通书籍之为普通书籍,参考书籍之为参考书籍,二者固有迥然不同之性质及功用,原不可混而为一。苟混之,则二者之庋藏均不得谓为纯粹矣。已不纯粹复何精之可言。是故参考书籍范围之认识,乃司参考职务者及掌购书事项者当务之急,认清范围后,选购始有界限,购求方有目标,精良之参考书籍岂难得哉?

狭义言之,凡书籍之不为出借而仅供图书馆中之参考者,均谓之参考书籍。广义言之,凡不为读阅之书籍,均谓之参考书籍。至于参考书籍之内容,则多偏重于实际,而编列则概便利乎检查,言及功用则为释疑解难，论及卷帙则通广大浩繁，与普通书籍之别于斯可见矣。至于参考材料之定义则谓凡书籍之原始目的，虽只为供人之阅读，第因其内容及编列与参考书籍多有相同之处，抑或因其他特别情形而碍难仍以普通书籍视之者，均衣之参考材料。参考职员及购书职员，苟能明夫斯义，何患范围之逾越。于范围之内选择购求，复何患参考书藏之不精哉？

量之决定

内无入不敷出之患，外乏供不应求之忧，搜罗既宏富而调匀，功用复广大而齐侔，斯皆量之所关，而亦量之所难也。良以顾此失彼，人事之恒情，不有详细周密之考虑，难获完全圆满之效果。是故于决定参考书籍量数之前，有应观察及研究之事五焉。五事维何？一曰社会之需要；二曰现有庋藏之状况；三曰用途之分配；四曰经费充足否；五曰参考书籍出借否。五事既知，则应付颇易，而适宜量之决定，亦不难矣。

社会之需要　欲知社会之需要如何，必先明社会组织之成分，一般民众之知识程度及阅者之多寡与其通常之增减率，吾人皆知商业中心所需之参考书籍，自不能与文化区域所需者悉同。穷乡僻壤所需者，自不能与通都大邑所需者咸似。凡兹异点，虽概在乎类别，然由类别乃可直接影响于量数。至于阅者之多寡，与其通常增减率之大小，则又显然与量有关之要点，而无庸吾人赘释者也。除兹三点之外，往往因偶然问题之发生，亦颇足牵连参考书籍之量数。然此乃不可期必之遭遇，不必预为之计，因时制宜可耳。

现在庋藏之状况　何种参考书籍缺乏而应补充？何种参考书籍过剩而应停购？何种参考书籍陈旧而应掷弃？何种参考书籍新颖而应保留？何者用途广而宜速增？何者用途狭而宜缓置？何者优良而宜鼓励？何者恶劣而宜改良？凡此种种，皆足影响参考书籍之量数，不可不注意者也。

用途之分配　同一社会而需要亦颇复杂,此乃自细微处而言也。图书馆为应付各种需要计,自不可不分配参考书籍之用途。例如为某项需要之用者若干,备某种问题之参考者几何,等等。此皆与参考书籍之量有密切关系者也。岂可视忽之哉?

经费充足否　谚云巧妇难为无米之炊,图书馆又何能为免费购耶?是故经费充足与否,必先明了及加以考虑后,方可决定参考书之多寡,不然则支绌堪虑。虽亦有可免费而得者,如图书馆目录及书店目录、官书、会社刊物、机关报告等(亦非尽可免费而得,仍视图书馆之势力与交际如何),然此当在购置范围之外,而应别论者也。故与经费无大关涉。

参考书籍出借否　参考书籍之狭义定义,谓凡书籍之不为出借而仅供图书馆中之参考者,均谓之参考书籍。如本斯义,则参考书籍之数目自然减少。但其广义定义,则未限定非仅供图书馆中之用者,均不得谓之参考书籍,由是可见参考书籍亦可出借。如此,则其数目定行增加。但参考书籍虽可出借,而实行出借与否,则在各图书馆自己之决定也。

购置之先后

欲定购置之先后,须注意下述之各端:

图书馆之性质　图书馆之种类甚多,如公共图书馆也,如私立图书馆也,如商业图书馆也,如学校图书馆也,颇难枚举。如复详细分之,则各种之中,又有区别,因之性质亦大不同。性质既不同,则目的与范围亦互异。目的与范围既互异,则参考书籍势难一律,购置之先后自应本各该图书馆之性质,以性质相近者为前提,其较远者则度势而后备之可耳。

需要之急缓　购置书籍理应审情度势,不可过于主观,是以社会与读者之需要,往往为书籍种类之指南,而需要之急缓,则为购置先后之准则。盖因图书馆之目的原为满足社会及阅者之需求,若只自主行事,则怨谤必多。谚云:"一人难满百人意",其斯之谓欤。

用者之多寡　需要虽急,然用者未必多也。而图书馆之购书则例须本"一书之购必有多人之需"之原则,以如此不仅可省图书馆之经费,且亦无违乎社会之需要。所违者不过仅寥寥之少数而已,亦非为过失也。故于决定购置之先后时,除注意需要之急缓外,又须观察用者之多寡。如需要急而用者众,则速购;需要缓而用者少,则迟置;如需要急而用者少,或需要缓而用者众,则须加以斟酌,但亦不得先于第一类也(需要急而用者众)。

书价之低昂　参考书籍之价值颇极参差不齐,有不值几文者,如普通一般指南、目录等,亦有价值千百元者,如极大之百科全书、字典等。前者之购置,固颇易易,而后者之搜辑,则为一般图书馆所困难者也。是故虽知其为必须急备之参考书籍,然为财力所限制,亦有不得不俟机徐图之者。观此,则价值之低昂与购置之先后,宁无极大之影响哉?

捷径与利益

购求书籍亦有正道与捷径焉。所谓正道者何?即直接由出版处购求也。所谓捷径者何?即自经售处、旧书店或偶然出让者购求也。循正道则书新而价较昂,以出版处例不愿自廉其价而绝经售处之财源,且增自己之烦累故也。由捷径则书籍不必尽旧而价格则通颇低廉,以经售处之经售书籍,例有固定之利率出版者所特许,旧书店之书籍则得之极廉,且多善本,而偶然出让之则又为特种环境所迫,而不得不廉故也。书籍之购求虽难悉由捷径,然善于购求者则未有不竭力寻求捷径者也。

古今求书之道关乎捷径与利益者颇多,兹举其要者于下:

郑樵之八求——(一)即类以求;(二)旁类以求;(三)因地以求;(四)因家以求;(五)求之公;(六)求之私;(七)因人以求;

（八）因代以求。

祁承爜之三说——（一）搜辑佚文；（二）分析并存；（三）采集序录。三欲——（一）眼界欲宽；（二）精神欲注；（三）心思欲巧。六难——（一）无力购求；（二）心不好之；（三）斤斤较值；（四）无地以求；（五）不知远近；（六）不知鉴别。二事——（一）美事，（二）韵事。

近世八求——（一）以经费之多少为标准；（二）以阅者之需要为标准；（三）以专门科目为标准；（四）以应用之范围为标准；（五）以藏书之地位为标准；（六）以各科之分配为标准；（七）以他馆之有无为标准；（八）以销毁之多少为标准。

观察之与管理

观察之与管理，有密切之关系焉。不顾时代之趋势，不可也。不顾所处之环境，不可也。不顾阅者之意见，亦不可也。原夫昔日藏书重在典守，今日藏书则在致用，于是门罗式之藏书楼一变而为公开式之图书馆，治书之法，管理之道，亦愈演而愈繁，弥变而弥异，非复昔日之简陋潦草矣。此无他，时代之趋势所使然也。不加观察，则复自用，可乎？公共图书馆为民众而设，故书籍之管理重在有普通性之便利。私立图书馆为个人或一界而建，故其书籍之管理，率多自出心裁，而不顾理性之有无及公共之利便。至于学校图书馆之只图学生之便用，商业图书馆之仅谋商人之善使，与夫其他特种图书馆之专为某一种人之利益，斯又显著之事实，勿庸一一辨别者也。此无他，环境所使然也。不加观察，一律管理之，可乎？至若阅者之意见，则又隐而显微而著之评议与书籍之管理有莫大关系者也。盖管理上之善否，图书馆恒不自知阅者之意见，正管理失当之处也。可不观察而本之改良哉？凡此种种，皆为图书馆管理上之改良，求使用上之便利，俾可有益民众，嘉惠士林，故曰，观察之与管理有密切之关系焉。

时代趋势之观察,不外眼界之宽广;所处环境之观察,不外印象之澄清;阅者意见之观察,不外耳目之聪明。至于宽广眼界之道,则在博览中外图书馆之倡议作为;澄清印象之道,则在详辨各种图书馆之宗旨范围;聪明耳目之道,则在广纳一切阅者之批评表示。三种观察不可缺一,缺一则管理颇易失当也。再者,凡兹三种观察,言之似颇容易,但行之则极艰难。行之所获,而能完全施诸管理,则又艰难中之艰难者也。

符号与地位

为求辨别、认识、记忆、类集及排列上之便利,乃有符号之创作。如分类号码也,著者号码也,早已通行世界,利被宇宙,是皆吾人所素知,且亦管理上固定之步骤,勿庸赘述者也。然则此处所论之符号为何耶?曰此处所论之符号,乃特藏之符号也。特藏符号之作,或本书籍之功用,或依书籍之体制,或按书籍之范围,或从其他不等,要皆以能表示其区别为目标。例如儿童特藏之以范围,小说特藏之以体制,参考书籍特藏之以功用,皆特藏符号所本之证明也。此处所论者自不能出乎题外,故参考书籍特藏之符号理为吾人讨论之对象也。此种符号之构成,例为一种简写,或仅用一字或字母,但均不背参考书籍功用之原义。标记之位置,则通在索书号码之上,其加于书籍之标准,当然仅限于纯粹参考书籍,如此则一目不仅可知书籍之类别及著编者之差异,且可知此种书籍之功用为何。再者,因有此种符号,同类者则不致散离,插架时亦颇增便利,其资辨别、认识、记忆、类集及排列孰甚?设谓特藏符号之作,乃系于便利之中复求便利,其谁曰不然?

参考书籍用途之广,什佰于普通书籍。普通书籍月未必数借焉,而参考书籍则日恒百十用。普通书籍同时不可二人读焉,而参考书籍则同时可供十许人之参考。此皆因参考书籍包罗万象,卷帙浩博,材料既无穷,用者复不相扰故也。然亦因其用途之广,用者之繁，及为便于取用计，参考书籍有不得不另置别藏者，斯即地位问题之所由生也。至于解决之法，或别辟一室，或附于阅览室不等，要须因势制宜。但无论如何，纯粹参考书籍，绝不可与普通书籍混杂于一处也。

上所言者，盖地位之大焉者耳。若夫参考室中一书之排列与安置，一籍之插入与提出，斯乃其小焉者也。然亦颇值图书馆之注意，何以言之？盖图书馆之一切作为，原为求阅者之便利，而便利莫直接于参考书籍之地位，良以此种书籍乃日常之必需品，苟举手即得，欲寻即获，则阅者之欢乐与便利，曷可言状。是故一切参考书籍之地位，愈便愈佳。所谓愈便愈佳者，不仅指使用上之便利而言，理会上之便利亦在内焉。所谓使用上之便利者何？即物质之地位也。所谓理会上便利者何？即类别之地位也。

除旧方法

参考书籍与材料，未必尽有永久之价值，然则无用者，将仍留之耶？抑弃之耶？曰，自以弃之为当。以参考部之地位与人力均极宝贵，不可用之于废物故也。是以除旧之举，为参考部重要之职务。所宜甄别之对象，自为参考书籍与参考材料二者。而除旧之法则为根本废除及表面废除两种。兹略论之如后。

根本废除　根本废除者，乃参考室书籍材料之真正废除也。故其责任颇为繁重，而需要主要职员为之鉴别与决断。虽然除旧一事颇具道理，但一般图书馆则多存顾惜之心，故实行者颇为寥寥，即有实行者，亦不过废除若干陈旧无用之工艺书籍、神学书籍、指南、学校目录等而已。甚至主张审查至再而后掷弃之者，盖因旧日所谓"勿弃管蒯"之格言，现仍深印于一般图书馆之脑中也。

破烂损坏之书籍，往往不复补购。此种书籍如系复本，则此种废除不为除旧，否则谓之除旧。良以价值颇大，而非复本之书籍，图书馆则不愿弃之也。所除者仅陈旧无用者耳。永有价值之书籍,破烂损毁后,固宜补置者也。

零碎材料,如剪片、图画、小册、散篇等,较易废除。废除之次数多系每年清理一次。废除之标准,或本其功用,或依其登记之年限不等。

除旧之讨论,多不切实。但公众之意见咸谓凡"死"书均应掷弃之。但敢为"死"书下一定义或立一准则,以便分别"死"书与"活"书者,则未之见也。兹只就参考书籍与参考材料而言,下列数种似应被弃。

(一)参考书籍或材料,曾宝贵于一时,而今已完全失其功能,且不能复有价值者。

(二)性质与内容年年一律之年鉴与目录等,现已逾一载者。

(三)材料已破碎不堪,虽尚有少许用途,然藏之颇觉烦赘者。

(四)无论何种参考书籍或材料,设非昔置,而今决不欲购者。

表面废除　此种废除非真正废除也。例如参考书籍之出入于参考室,公开书架书籍之更换,小册之出于竖立匣或书箱而为装订剪片之用,小册之由甲部而转于乙部。凡此皆暂时之移动,或形式之转变,而非根本之废除也。

废除之结果　广而视之,被废除之书籍与材料,实未永久出乎全国图书馆之庋藏也。盖因书籍与材料之被弃于甲馆者,恒为乙馆之宝藏,所谓"此图书馆之毒物正彼图书馆之珍馐"者,正斯之谓也。况有无书不收者,故被弃之书籍与材料,实难失其处所,而曰,广而观之,被废除之书籍与材料,实未永久出乎全国图书馆之庋藏也。

推广功用

推广参考书籍与材料之功用,乃管理上极有意义与价值之工作,为参考部所必行,为各图书馆所宜倡导鼓励者也。第以推广之法,既乏成规之可循,而施行之道复少现例之可观,故仅本管见之所及,而粗拟之如后。本斯原则而举一反三,庸不可乎?

采用序列箱　散碎材料如小册、剪片、图表、画片、零篇、照片、招帖、插图、样本、零奇杂志、原稿、书目、单行篇、再版小品、关于参考问题之函件等,如管理欠当,则功用大失,不可不注意者也。今日管理之法,颇不一致。有用箱匣者,有用夹套者,有以色分者,有以类别者,复有依个人之意旨为转移者,五花八门,几使神为之昏,目为之乱,而采用序列箱者,则尚不多觏。或限于财力,抑尚不知此等刊物之重要欤?至于序列箱之利益,则为观瞻之雅,材料之聚,致用之便,保藏之全,次序之顺,心力之省,更换之易等,虽费用较多,然苟通盘计之,则利诚多于弊,未为不经济也。是故采用序列箱实为推广功用之良法。

制作便利工具　为便于应付参考者计,参考部职员有时定必感觉有为编目者未曾顾及之材料作索引或目录之必要。编目一事,固为编目部之正式职务,但因特种情形,此种职务有非在参考部施行不可者。制作之法,与编目部大同小异,不必赘述。至于编制参考材料之索引,则别一事也。此种索引最好皆用标准卡片,以卡片使用便而改正易也。新闻纸、杂志或报告,往往需用索引,编制之责,则为参考部职员所应担负。再凡事肇始颇易,而有终则难,事先不可不详加考虑。至于本地历史,亦有作索引之必要,此种事务,亦归参考部行之为宜。除目录与索引外,其他便利工具自多,是须因时制宜也。凡此皆可推广参考书籍与材料之功用,为参考部所宜竭力思索,尽量制作者也。

诱导及使用方法　参考书籍之功用虽大,然人未必尽知。即知之,然又未必尽知其使用之法。是则诱导及使用方法尚矣。所谓诱导之方法,不外因阅者之程度与兴趣,及本参考书籍与材料之功能与优点,而以简明之陈述或象征而显示于阅者之前,以促其领会及明了之谓也。所谓使用之方法,亦不外依参考书籍与材料之组织与特点,而作一有系统易了解之指南,陈列于阅者之前,以便其参考利用之谓也。有诱导之方法,不可无使用之方法,有使用之方法,不可无诱导之方法,二者盖有互相为用之密切关系,不可缺一者也。二者之能推广参考书籍与材料之功用,自不待言。

参考事务第二

参考事务之表面意义,似乎专指于答覆阅者之问题时,参考书籍之实际使用,而其真实之意义,则所指不止于此。如参考书籍之选购,以使其充足与适宜也;参考书籍之管理,以使其易用与雅观也;种种便利工具之制作,以补目录及书籍之不足也;参考部职员之训练与监督,以求工作之顺利与社会之好评也;各种诱导与使用方法之备办,以便阅者之利用也;帮助使用目录或其他记载也;建议特种书籍也;指导使用参考方法及书籍也;答覆个人之问题也;帮助个人查寻事实也;改正缺乏经验阅者之研究方法也;等等。盖凡有益于阅者之事或为阅者所需要之事,参考事务罔不包容。职是之故,于应付繁夥函电相询及阅者终难解决之问题时,往往发生颇多实际之研究工作,而有生气之参考部尤不可仅限制其工作于本图书馆之内,宜与其他图书馆竭诚联络,藉收互助之效,更应求外界专门家之帮助,及举办电话参考事务。如此则为阅者及研究家开辟良多有益之知识源泉也。

至于参考事务之定义,论者意见纷歧,盖有自空间着眼者,有就行政立论者,有依事务之类别立疆者,有按服务之性质画界者,异同虽多,然亦各有其是。兹杂举其尤者,俾与吾人以统括之概念:

一 图书馆之事务,其关于在馆中使用书籍者,谓之参考事务。——芮嘉森(E. C. Richardson)

二　图书馆职员所与各种研究者之帮助,谓之参考事务。——赫则庭(Mary E. Hazeltine)

三　图书馆职员对于研究上所贡献之心力,谓之参考事务。——毕沙浦(W. W. Bishop)

四　图书馆之行政,凡关于帮助阅者使用馆中庋藏者,谓之参考事务。——柯罗芝(Alice B. Kroeger)

五　于阅者从事研究或考查时,图书馆直接襄助之事务,谓之参考事务。——何斯特(Anita M. Hostetter)

六　为考查及研究而解释图书馆之庋藏,其中所需要之同情,且可靠之人力帮助,谓之参考事务。——魏耳(J. I. Wyer)

七　吾人不妨亦下一定义曰:图书馆之事务,无分内外,不别巨细,亦弗论人力与机械,凡有裨益于参考者,均谓之参考事务。

必有理论,参考事务始有准绳。有准绳,始有方法;有方法,始有类别。故本篇以理论居首,问题之处理居次,类别居第三焉。至于参考事务,在各种图书馆中之异同,则为表现参考事务亦须因时制宜,以免阅者有执一不化之弊,故以之殿后。使吾国今日之图书馆,能准斯四者以施行其参考事务,亦云可矣。

参考事务之理论二之一

万事万物,莫不有理;有理斯有则;有则斯有行。故行必本乎准则,准则必本乎义理,夫然后操舍可自如,乖当可易见。是以理论一章,置于斯篇之首,而加以讨论焉。至于节目,则为后列四者:

一　人力与机械

二　固执理论

三　折中理论

四　放纵理论

一 人力与机械

整理书籍之方法，无论如何完善及机械化，然于使用之际，终难脱离人力之服务。此之服务，内含"解释"要义，乃极周顾微妙而难为之事，无论若何奇异之机械，亦不能奏此功效，而非人力不可。由是可知人力之为尚矣，是故人类不仅前兹为阅者与书籍之媒介，且将永司此职，此即参考事务之所由来及所以存在之故也。

阅者之程度，自不能一律，虽有高明之士，确知己之需要而能自求之，然为数颇为寥寥，实际不过百分四五耳。此类阅者，固无须人力之帮助，而所余之百分之九十五六则颇难应付。盖因程度既参差，需要复繁杂，而性情尤不一致也。此等阅者与其需要，通可表现极多心理精神不测及难决的要素与反应，为机械所不克解答与供足而须赖诸人力者也。

盖"解释"之于参考事务，其最适当之动词乎，案"解释"二字之义，不仅多指人情之理会而少示机械之供应，且与吾人以下列之四种观念：（一）乃彻底服务，非聊以塞责；（二）具同情心，无勉强意；（三）似阅者之良友，而不类图书馆之职员；（四）为博学多识之领导者，非尸位素餐之委员会。苟总上举诸端而以一言蔽之，则无非职员对于阅者应存忠恕之心而已。虽然"解释"二字，亦不可限制綦严。不然则生胶柱鼓瑟，刻舟求剑之弊矣。盖因多数阅者，虽可因详为解释图书馆之目录，不同之书籍及各种助研究之工具，而能获圆满之答覆，然亦有只求迅速之指示，无须耽搁之赘词，而为满意者。例如有一极忙之人，其所亟愿求得者，惟关于某种题目之最近而最完全之著作，当不愿被指引于一极详而加注解之普通书目也，以其费时耳。诸如此类情形，参考职员则不应固守"解释"二字之绳规，而须因时制宜，所谓过犹不及，其斯之谓欤。

图书典籍无穷，而图书馆之经费有限，即富如美国国会图书馆，博如英国大英博物院图书馆，亦难尽聚天下之书而无遗，何况

46

其小者乎？然而参考问题则出没无定，变化莫测，故往往"解释"虽行之有素，而恒感无米为炊之难。虽然，亦未始无变通之法也。所谓变通之法者，即本馆虽无阅者所需要之材料，然亦可由其他图书馆团体机关或私人辗转而为阅者求得之。斯法也，岂不含"解释"之意义乎？

二 固执理论

图书馆之事务甚为繁夥，固不仅参考事务而已也。纵参考事务极为重要，然亦不可独尊专重，置其他事务于不顾，以致得一而失百。苟顾之，则各种事务之间，必有清楚之界线及相互之重要，以便措置有所依循，施行有所准则，夫然后方无顾此失彼之弊。故图书馆家有谓参考事务不应出乎"帮助阅者查考与研究"之范围者，其理由谓参考事务非图书馆本身去查考，实地查考乃阅者之事，图书馆仅能在可能范围内，助以一臂之力而已。参考事务乃为帮助阅者研究，非图书馆自行研究，图书馆仅可与阅者以臂助，非谓代行阅者之事也。故有图书馆只告阅者以答案之所在，令其自寻之者，或告以本图书馆无此材料，介绍阅者于另一图书馆或其他处所者，恒不肯过事担任阅读寻查研究编辑摘录抄缮等连系于阅者问题之事务，以苟如斯办理，则已越乎"帮助阅者查考与研究"之范围，势非至于彻底为阅者解决困难，为每一阅者尽力不可。如此，则图书馆之黄金光阴势必抛弃于微末凡庸之问题而误其他重要事务，故觉颇为不值也。

于是凡与上述之理论表同情者，咸以为图书馆之根本义务，非为替阅者寻答案，乃系将图书馆里一切参考书籍及材料整理极为完善，教训阅者，俾可自赖己力以求得其需要而已。是以图书馆仅将未用时之书籍及材料妥为整理，善为插架，制作目录，分别特藏，保存记载，准备指导，建议解释帮助，尽量明了本馆之疲藏，详细知悉本馆之某种书籍或材料等事而已，例不为阅者由书籍中寻求答案,亦不可少为变通也。

凡理论之能成立者,莫不有相当独到之点;换言之,即莫不有相当之利益。本理论之利益亦非鲜,如时间之经济,教训之正当,行政之合理化,自助之美德,经费施用之适宜等,就图书馆方面言之,诚一完善之理论也。

三　折中理论

诚然,苟代阅者寻答案查问题,抄录书籍,整理材料,研究考证,翻译著作,则所费之时间定必甚多。若以之鼓励阅者,训练阅者,使其自助其身,则所得之效果,自较代阅者行事为大且优;然自图书馆教育肇始,参考事务遂乃是重,如代阅者解答疑难也,几视为图书馆家之责任,而不可不力行者矣!故固执理论之观念,渐有打破之趋势,参考事务之范围,乃呈扩充之现象;再自专门图书馆,蕃生其目的,亦愈见专严,而所需要于职员者,亦较他种图书馆为苛切,凡此皆足鞭策图书馆,日趋于实地寻求,尽量供应之一途。观夫大半专门图书馆之建设,非只为供给管理完善之书籍,且期为咨询之处所者,及公共图书馆中,特种参考部组之增繁,可以知此趋势,已为不可掩蔽之事实矣!

就理论上言上述之,趋势乃为热诚,知识,辅助,良心等之显示,目的乃为构成图书馆服务人群之真精神诚以阅者之需要,亦不可过事轻忽与拒绝;不然则怨谤必生,殊不利于图书馆。图书馆之一切行政方计,固不能不为本身顾虑,然亦不可不为阅者设想。广义言之,凡非为自用之图书馆,皆社会之图书馆也,众意岂可忽哉? 是以上述之趋势,乃天演之现象,而不可遏止者也!

诚如上述,然则参考事务之折中理论,竟无丝毫之限制矣? 曰不然! 亦自有其应限制之事也。例如:影印事务,自不能免费代行,摘录、翻译、编辑、打印抄写等事,虽有职员或外人,可以在办公时间以外,按相当或流行之工价代为之,亦自不能漫无限制,而成为图书馆之例行职务;盖一般图书馆所奉为金科玉律者,即无代价不为阅者作无用于来日,或无益于设备之事也!夫现代之趋势,阅者之期望与夫一般图书馆之实际工作,显然皆奔向于咨询,处之一途微独指导阅者,辅助阅者,且民众可随意函电相询,专人走咨并索要实地之答覆。再图书馆愈发达组织愈完善,人才愈拥挤,则民众所赖于图书馆者,亦愈殷,故每有问题,辄思图书馆必能为之解决焉。然凡此种种泰半关乎检查事实,而非属于研究之参考事务,图书馆固可代办,至于属于研究者,图书馆只备最精最良之便利工具,聘请博学而富有经验之职员,以便随时供给材料,帮助阅者解释困难,参加意见,而图书馆之责任已云尽矣。

既如上述,则图书馆必须竭力训导阅者,促其养成自助之能力。盖无论任何关于参考事务之理论,苟忽略图书馆宜训练民众,俾可养成自助美德之义务,则该理论不得谓为完善。良以民众苟能不依赖图书馆,则图书馆之工作,必较易而美满,且可服务较多之民众。但何时民众方能训练熟习,对于使用本地图书馆上,毫无困难,因之全部参考职员可以卸责,或无须翻检查寻,则诚难逆料或竟不能实现也。

四 放纵理论

放纵理论者,乃一进化而改良之理论也。此种理论,以为一切图书馆,对于一切关于参考事务之外界,需要与期望均愿竭全力以应付,既无所谓轻重,复无所谓范围,并甘竭思殚虑为阅者谋方法,代阅者求便利以期无一咨询者,而弗克满意,以去斯即本理论之要旨也。此种理论必须坦然承认,此种毫无限制之参考事务,乃图书馆应尽之责任,有如营业及他种事业之工作,而不可敷衍了事者也。良以此理论之所以为尚者,乃在其实地服务之精神,而非在其表面建议之空言也。

李伦德博士(Dr. William S. Learned)曾发表一论文名为"美

国公共图书馆与知识之弘布"（American Public Library and the Diffusion of Knowledge），文多涉及参考事务之处，而尤与放纵理论相切合，兹摘译之以观其梗概：

"在许多进化之城市中，今兹有一种显明而强有力之趋势，此种趋势，可以表示多数社会中某种机关之极端发达，所谓某种机关者，即各种有益人群且经刊印知识之渊薮也。一切知识均可自由而迅速的由此处得之，此种机关，将为民众会集之中心，其与一切居民之关系，及受伊等之自动惠顾，有如本地之邮局，且将成为当地智识与学问之总散布处，所谓智识与学问者，固不专指'美'文学而言也，其关于商业职业者，如在可能情形下，亦在内焉……。"

"在小市镇中，此种机关，显然难有丰富之书籍与材料，然可与通都大邑中搜罗宏富之类似机关亲密联络，如答案也，影印之参考材料也，借书也等等，均可以区区之费而立得之，如此则国内各大处所之实藏，较小之地方亦可得之矣。"

"所述机关中，重要而必须之要素，即系专门人材之服务。此种服务，一如优良大学之必须条款，而不可或缺者也。以专门人材，服务之目的，首为打破民众厌恶寻求知识之心情，次为维持民众之兴趣，勿使泯灭，并以堪广招徕之态度，供给需要者以所需要而极便利用之材料。此种职务，非专门人材之赋有机警性，同情心，灵敏之智慧，迅速之感觉，确切清楚之思想，敏捷精当之归纳，并彻底明了某一类材料者，不能担任也。"

"设各类知识之范围，均被极端缩小；则上述之一切需要，不为逾限，且可应付第今日之举办；参考事务者，概皆仅置一部职员而委以全世界之事。是故所能希冀于此等职员者，不过极肤浅，极偶然之贡献而已！凡求帮助者，概按推诿敷衍之原则以处之，此种手续，犹如大学教授会中，依字母轮流教授之课程。其过失之影响，致一般恳切之咨询者，皆裹足不前，以所能求得者，仍无非些微无何价值之贡献耳。"

"参考事务之已越乎,仅将一堆奇异书籍,或他种印刷品,置于请求者之前,诚为一重要之现象也。盖求知识之难,多因知识乃藏于书籍之中,而自书籍中探索知识之功夫,其本身则成为一种技术。再所述之困难,或轻或重,但各类书籍均有之,为一切学者所感觉者也,如系练达之图书专家,则探索数类知识之技术,无何即能自如而迅速,可任民众自由咨询,且能直接答覆极多请求,或以电话,或以楮墨不等,并能供以详细之意见,而不与以书籍意见之中,或引及某一书籍,其中则有尤卓越之意见。所有类是服务之实效,应为删简手续,及引诱民众而非迷惑或拒绝。民众因在能力所及范围之内,急速与阅者以所需者之故,每一阅者亦应渐知该机关之所有书藏,渐将完全为人所利用也。"

观夫上译,吾人可得两种重要观念;其一贡献,宜精确而无限,应对宜周到而善诱,有此二种观念,则放纵之理论可成,苟施诸实际之参考事务,则图书馆势必成为咨询处,而为民众所利赖及赞助。故瑞德(E. E. Reid)曰"化学研究家如常在图书馆中工作,即可少在实验室中工作。"又曰"即利用图书馆者,亦颇少明了馆长帮助阅者之慷慨与热心也。"言虽微,而旨远。诚放纵理论之的评也。

在放纵理论之下,图书馆不应仅恃本馆之庋藏,并应与其他图书馆互相联络,以增富其参考资料,具特种行政眼光与精神,以谋尽量利用其书藏之方法,聘请精明而适宜之人员,以备应付本地之学者,尤应具以遣去未得恳切招待,及圆满答覆之最懦怯咨询者,为本身耻辱之热心与精神。

此种理论固极完善,而为一般图书馆家所赞许,惟如施诸实际,则不无若干困难,是故完全成功之时,则惟有俟诸异日耳。今兹之图书馆家,概皆赞成以折中理论为参考事务之基本原则,而为现代图书馆所必须采纳者,行此原则,复速求放纵理论之实现,则尤为必须之步骤,而不可忽视者也。谚云:"今日之梦,即明日之事实。"放纵理论之实现,为期或亦匪遥欤?!

参考问题之处理二之二

处理之法,不一而足。盖因参考问题,既极复杂而应付之方式,亦不可不因时制宜也。然其指归,则属一揆何者与咨询者以圆满之答覆而已。观此则每一问题之答覆,显然包含三种要素,三者维何即咨询者、参考职员及参考资料,在咨询者与参考资料未接触之时,参考问题,难得圆满之答覆,而参考事务,亦不得谓已完成也。

参考问题虽极复杂,处理之法,纵颇不一,然苟就原则上泛而论之,亦未始不可与吾人以笼统之准绳,是故本章所论者,务求有普遍共通之性质,俾可尽量施之于一切参考问题及处理之法,固定之方式,固绝难为一定之程序,然若置于参考职员之目前或左右,于其工作上亦不无裨益。至于参考问题之发生,审查及答覆,则逐步陈述,务求详尽,俾阅者易于彻底了解也。

处理参考问题之手续,如载之以铅椠,似颇冗长,然于一般新进之参考职员,则颇有记载叙述之必要,以苟有疑难,则可借助于斯,固不可与练达之参考职员,同日而语也!良以练达之参考职员,于工作之时,虽无须按图索骥,但一切手续,自始至终,则确均行之矣!是盖因行之有素,故能从心所欲不逾矩也。再者处理参考问题,速度极为重要,故对于一切参考问题及咨询者,不可作无谓之考虑,致耗宝贵之光阴,且或引起误会也。

本章之节目如后:

一　咨询者之种类

二　应付之方法

三　审察心理

52

一　咨询者之种类

图书馆之性质既殊,故阅者之种类亦异;学校图书馆之阅者,例为固定而有限之孜孜学子,其读物与目标,通有一定之畛域与归宿,专门图书馆之阅者,例为比较有限之某界人士,其需要概颇贴切而紧张,公共图书馆之阅者,则复杂极矣! 以既无男女老幼之限,复乏三教九流智愚贤不肖之别也。虽然泰半人类(甚或学者)之需要图书馆之时时指导与帮助,以达其参考之目的则一也。此种情形,阅者或恒不自知及承认之,但事实则诚无可讳言。即图书馆人员,亦不能十分明了,何故极夥之勤奋阅者,对于其所需要之资料,与需要之目的,已有极确定之认识与了解矣! 但比及入于图书馆中,目睹浩博之书籍,遂乃茫无所措,此种现象,在公共图书馆中,较为昭著。故为免除阅者之畏缩,及与以圆满之服务计,图书馆对于此种现象,须竭思殚虑以消灭之也。阅者或有以其需要,或问题为不重要者,或有怯于问询者,更或有耻于求人者,诸如上述,为数虽不夥,但实需图书馆之特别礼待与注意也。

培根女士(Miss Corinne Bacon)分一般咨询者为三类(一)确知己之所需,并能清楚陈述之而希冀图书馆之答覆者。(二)本不

53

希望图书馆之答覆,但苟有询求。则必谦虚而出之,及获些微之帮助,则必感谢不尽。(三)完全赖诸图书馆者。凡兹三类,皆其小焉者耳! 吾人咸知第一类显不多睹,而第二第三两类,复何常见,故吾以为三类之外,犹应有最大之一类焉,此类维何? 即普通一般诚恳合理之咨询者也。

至于参考职员,应如何应付上述之四类,咨询者可于下陈各节见之。

二 应付之方法

咨询者之能否满意,概视参考职员之能否与以寓有重大意义之最初印象,良以最初之印象,即最后之印象也。是故参考职员之态度与性情,除应与理想之铁路售票员,或旅馆招待员类似外,并须学识渊博,经验宏富,凡兹重要资格之行使,实难一一形诸楮墨,兹仅引格言数语,以见初遇咨询者时,参考职员应具精神与态度之一斑。

包乐第(George C. Boldt)及华纳美克(John Wanamaker)均谓"民众永是"(The public is always right)斯说诚为忍耐及礼貌上之箴铭,参考职员所宜书绅谨记者也。此格言虽不能与事实完全吻合,然由此可见参考职员对于咨询者,应具之精神与态度,此种精神与态度,宜施诸一切咨询者,不应有男女老幼之别,三教九流之分,程度高低之异,贤与不肖之殊。参考职员对之,均须友爱,忠诚,有礼貌,无偏私,设咨询者有错误时(此亦常有之事),应以不失其体面之法,而改正之,如能使其自发现其错误,则尤为万全之策。

兹复择格言之较佳者列后,甚望司参考职务者加之意焉。

一 永勿现惮烦与冷淡之容。

二 永勿貌似极忙以绝人咨询之念。

三 对待一切来人必须殷勤诚恳。

四　待人应如愿—未识图书馆之待己。

五　永勿傲视阅者或公然揶揄阅者,可与人同笑不可笑人。

六　永勿以可触怒阅者之语言,回答阅者,宜委曲婉转和蔼恳挚。

七　应付阅者,勿存贫富贵贱之观念,应一视同仁大公无私。

八　答覆问题宜极速迅,不可搁置或故意留难。

九　服务阅者,宜竭尽心力,切勿敷衍了事。

十　慎勿以私情而误公事。

十一　对于阅者所询之事应显然表示同情及兴趣。

类是之格言,如尽量罗举,条目当可大增,然苟能悉本上述十一项而行事,亦云可而难矣!正所谓言之匪艰,行之维艰耳,故与其赘也,宁如简而足用之为愈乎?

亦时有一种阅者,对于己之问题,非惟甚为明了,且自表示其明了(诚然,有时阅者,对于自己之题目,较馆中人员尤为明了)。故于此等时际,参考职员不应以己对于图书馆之庋藏,工具方法等较阅者为熟习而傲慢之,干涉之或搅扰之。

设阅者之问题,过于深奥或专门,致参考职员难以窥其端倪,或即问题之字义,亦不能了解时,参考职员可暗中迅速查诸字典,或其他书籍,如仍不能求得结果,亦可询诸阅者。询问之法,亦自不同,可旁诘亦可直问,例如:"余应如何寻求之?"或"君之问题属于何类?"诸如此类,皆旁诘之法也。而"余不明了君之问题。"或"请君解释该问题之意义。"等则为直问之法矣。直问之法,情颇率直,阅者必嘉其诚实而乐为之解释,如此则可省时良多。

诸如上述,皆为应付直向参考处问询之法。其耻于求人而自行寻求者,及自足自满,若甚明了图书馆之奥妙,而径奔目录柜书架等处者,亦恒有之。参考职员亦须以极圆满之方法,而对待之。盖此二种阅者,既弃堪资信赖之参考处,而弗顾其失败也,亦为常事。遇斯情形,参考职员宜存同等怀疑之心,苟非确知其不需要,或不希望图书馆之帮助,则助之;但有应谨记者,如遇不需要,或不希望图书馆帮助之阅者时,慎勿穷诘其何以不需要,或不希望图书馆之帮助,不然则触怒之矣。再者如逢态度傲慢,形貌矜持,而擅用目录之阅者时,参考职员亦应伺察之,以观其是否需要图书馆之帮助。伺察之法,亦不甚难,注意其态度之转变即可,盖阅者之动作转迟,则其骄容必减,骄容既减,则踌躇之色必现于眉宇之间,是不出心理有所改变,则态度随之而异之原则也。于是需要帮助与否,可知之矣! 斯时参考职员,可以不失阅者体面之法,趋而助之;至于阅者之心情苟有不可捉摸时,则亦不妨婉转询其需要帮助与否也。欧美图书馆多有在参考处置一告牌者,颇有裨益于阅者,兹将其译出介绍于后:

勿　耻　下　问

　　助阅者查寻材料,不仅为馆员之第一要务,亦系伊等之最大快事,每有阅者,欲询一问题时,必先向馆员道歉,以为搅扰其工作。此种客气,实不必须;盖馆员之职务,原为答覆阅者之问题,且伊等亦甚愿能尽其所能以助阅者也。除答覆阅者之问题外,在参考部及他部,固尚有极多他种事务。然皆不如答覆阅者之需要为重要也。

　　切勿以见馆员公事甚忙,而思伊等为不可搅扰,或不愿被人搅扰,随意询之可也。再者最好询问固定之司参考职务者,而勿问取书之差役,以差役所知者有限,而司参考职务者,所知多多也。

　　目录可供不欲求人者之利用,但阅者苟不能获其所需之材料时,不妨询问司参考职务者,恒可得圆满之答覆,以尚有他种工具,如索引及参考书等,伊等例较阅者为熟谙,而能善用之也。总之万勿败兴而出馆,则本馆幸甚焉。

勿　耻　下　问

　　尚有一种显然懦怯之阅者,恒不敢有所问询,概系自行暗中摸索,此种阅者,颇为可悯,故参考职员,宜急起而助之;须注意者,无论彼等之问题如何浅近或滑稽,助之者切不可不以镇静之态度而待之,不然则懦怯之阅者必愈懦怯,将永不敢求图书馆之帮助矣。

已论之一切,虽极简略,应付各色之阅者,虽不无一种专门之技术,然由上论,亦未始不可见,初次接近阅者之极端重要,与夫参考职员,于友爱上,涵养上,机警上,礼貌上,精神上,学问上,知识上应具之资格。再此种服务,犹如女主人之招待来宾,盖无微不至,其得阅者之欢心,自是意中之事。而良好之初次印象,宁不于不知不觉之中,深印于阅者之脑中哉!

三 审查心理

因阅者学识之浅鲜,思想之单纯,智力之薄弱,悟性之迟笨,或其他原因,往往虽有所需要,然不能确知其为何故不能与参考职员以明确之请求,以致毫无所得,败兴而返。此种过失,固多归诸阅者,而参考职员,亦岂能完全辞其咎哉?夫参考职员之主要技术,即为预知咨询者,所实需之资料为何之灵巧,故咨询者之问题虽离题甚远,其破的之速度与显度,虽极迟缓与渺茫,而参考职员亦宜以其灵敏之眼光,机警之心思,观察审辨推敲寻绎以求咨询者之确实心意,而使其满意也!因公共图书馆,阅者之复杂,故此种审察心理之机会,在公共图书馆亦最多,而在学校或专门图书馆中,其阅者之需要,虽较确切而清楚,然亦不鲜上述之时际,诚为一切参考职员所宜注意者也。

能知己之所需,并能详告于人之阅者,为数固亦不鲜;而不能确知己之所需,且颇笃实恳切者,为数则诚良多。前者乐于自助,而后者则须图书馆之帮助也。其自知而不愿告人者,与夫自觉而不知如何以告人者,正即审察心理之对象也。是故审察心理者,无非求知如何与阅者以其不知之需要之方法而已,因是而有下列之一节。

四　探赜索隐

探赜索隐,乃阐明问题之最佳方法,不仅可施之于暗昧之时际,亦可行之于阅者之需要,既已陈明之后,良以探赜索隐之法固微,独宜求知阅者所冀得者为而何已也!抑且应启发便于探索之陈述方法,问题之前例,与他种题目之关涉焉;总之不外问题之背景,与历史二者而已。夫了解愈清楚,则服务愈周至,故除考究关于问题本身之诸质外,更应进而询明所需者,仅系一简明之记载,抑为广泛之资料,以推知量之多寡,与夫论断之浅俗抑深奥,故旧抑新异;再者,如阅者不能依参考职员之指导,而自行搜寻时,参考职员往往应问明阅者,需用材料之日期,及计算图书馆为答复其问题所需之时间,以如此办理图书馆,时间之分配,方可经济,答覆方可圆满也。在盘问阅者之先,最好对阅者已陈述者,加以思考,而在阅者答覆所问之时,则宜跟踪寻绎,此种跟踪寻绎之速度,应与阅者之言语一致,不可落后。不然则线索难以贯串,而失阅者问题之主旨矣。如直接之破的问询,确为不可免时,则可以简洁之词句,及由顺序之刹那出之,不可卒然发问,亦不可过于谦卑。至于发问之次数,则以愈少愈妙,但必须切近,总期能使阅者回答,并答以所问者为目的。好问固亦无妨,但不可失却发问之目的,往往有参考职员,于盘诘阅者之时,为阅者之言语所诱惑,而忘其所需者为何,致失去许多极有用之机会,良可惜也。故图书馆不宜使新进之参考助理员,接答关于参考事务之电话,以彼等只能听而不能问也。与虽能问,而不能知其所问为何者何异乎?

关于参考材料之用途,有时亦有知悉之必要,纵此种诘问,已出乎参考职员工作范围之外,然苟能知之,则于双方均有莫大之利益,惟求知之法,于发问之先,对于字句上,必须加以推敲考虑,不然则涉干预他人私事之嫌,而为阅者所拒绝矣!故亦不妨先将其利益向阅者说明,而后再问之。如此则阅者问题,苟非绝对不可对人言者,当必乐为参考职员道也。

五　区别问题

问题既已陈明之后,必须加以考察与研究,何者为事实问题,何者为搜索问题,何者为研究问题,盖不可泾渭不分,难易相杂也。宜从速辨别分析之,为便分别应付,以求美满之结果也。

阅者之问题,未必尽清楚而有价值也,其混噩而琐屑者,亦自良多,故于区别之时,颇感困难;然无论任何问题,其于咨询者,则均极重要,苟不重要,则咨询者亦必不问之矣。是故参考职员,于未获咨询者详细陈明与解释之先,切不可藐视之而置之于不顾。至于悬奖问题,报章征文,谜语组,字画组,字竞赛等等,类此之索解困难问题,应征或与赛者,虽可尽量使用图书馆之书籍,但求图书馆为之代答者,实不多见,即有之图书馆亦须婉转拒绝之,以此种名誉或奖赏之竞争,已出乎图书馆服务阅者之范围,图书馆仅可于学术及知识界限以内助之而已。

至于无理问题之有无,图书馆家之见解,颇不一致。设就某一方面言之,无理之问题,显然有之,例如费时而无益者,或重大之最近事项,请求立即答覆者。诸如此类,非无意义,即不可能,非无理问题而何?但就参考问题,或研究事项言之,则难断无理问题之有无矣!诚然若干事先而能断知某一参考或研究问题,必不能得合理之答覆或对待,则实为极罕见而不可能之事,故图书馆多不承认无理问题之存在,盖彼等于一切问题,均尽力而应付也。至于问题之可立见不能答覆,而必须借助其他图书馆或外界者,亦往往有之,然在今日互助盛行时期言之,此亦不得谓为无理问题也。

凡问题之已证明合理可答有意义,有条理,及有线索可寻者,参考职员均应钻仰穷究,探索钩致,以求明之深而答之评。而于意义深,效果大,颇值为力之问题,则尤应不惜心力,以解决之。

六　问题之门径

所谓问题之门径者,即研究或解答问题之线索也。问题苟完全其门径,可一见即知;然此亦视参考职员之经验深浅耳!门径不一而足,往往四五种至十数种或数十种不等,此视问题之性质如何也。门径既繁,轻重亦殊,况不便悉用,故势必选择,而选择则愈速愈佳。为省时也,兹举例以明前论:设有人欲观翟福生(Thomas Tefferson)关于建设美国造币厂之计划,于此问题至少可得四种极清楚之门径:(一)属于传纪者,(二)属于主题者(即美国造币厂),(三)属于体裁者(此种计画定曾交与国会或政府之某部或官员,如此则变为官书矣),(四)属于时间者。此四种门径之先后,在实际上,亦将如上列之次序,至于选择上,将毫无疑义的介绍翟福生之著作于求之者。

兹将普通门径,解释如后。

一　属于主题者　无论何种问题,对于主题,均指示;纵指示对于参考职员不甚明显,或不易明了,然问题中至少亦有一二字之堪咨诸字典或百科全书,以求开导者。如尚不能完了了解,或所得之解释,不甚详细,则可借助关于该题之特种百科全书,或内含易得有益书目之最近小册。

二　属于传纪者　每有题目例如:发明战争探险,建设等,往往干连个人事迹,纵问题为一纯粹主题者,然对于属于传纪之门径,亦不可忽略,在相当情形之下,亦可立即采用之。

三　属于书目者　寻常应付问题,多系由主题方面着手,但言辞、主题或问题往往与吾人以关于书目之门径,不过此种门径颇易为吾人所忽略,殊为可惜耳!书目之编目,虽不若主题之详细与完善,然亦非无便于检查之工具;此种工具之编制与管理,亦未始不可改良,是在吾人之肯为与否耳。利用属于书目之门径之最大利益,即查短小著作之敏捷,故无论其为著者书目,或主题书目,馆中如已置备,往往较查普通索引目录营业书单等,可得较速之结果,诚答覆参考问题时所宜注意之一事也。

四　属于时间者　问题之中,如有关于时间之线索,或暗示此种线索,或暗示极为重要以时间之于一切问题,几悉为一重大之要素也。

五　属于语言及国别者　地点与人名之字形,恒可表明语言之别,国籍之分,因是而思及外国之资料与关系,乃得许多有用之线索。地点一项,尤为参考职员,所宜特别留意者也。

六　属于体裁者　例如"为把梯莫耳海港美国会拨款若干"吾人一见而知利用官书,故关于体裁之门径,常可与吾以极迅速之了解,殊便于应付也。

七　答覆之步骤

以上所述二至六各节,在必须情形之下,均已依次实行之后,第一步实地答覆问题之工作,即审察咨询者所能自为者若何;然此种审察,亦须视咨询者之意向而定其有无;如咨询者显然只因偶然问题而莅临,绝无意于图书馆使用法之学习,则审察一层,未免画蛇添足,反是则有审察之必要。审察并应付之法见下:

一　问伊能用本馆之目录否,如否为之简略讲解之,或与以印就之说明书。

二　问伊明了本馆主要之杂志索引公私书目,及其他堪资参考之工具否,如否将与其问题有关者,略为解释,并指示其存放之地点。

三　参考部之位置,与内部组织,宜使咨询者十分明了。

四　序列箱之位置及内容,应使咨询者知悉;序列箱如可公开使用,则须告以使用之法。

五　本馆所有之现行杂志,应令咨询者知悉,因杂志中颇多参考资料也。

六　本馆其他特殊参考处,及与参考事务有关之设施,亦应对咨询者说明。

世间万事,何能如言论之简易?故咨询者之意向,亦有时不易识别者,但在此种模棱情形之下,最好仍使咨询者自己为之,同时应向伊诚恳声明,如遇困难时,仍可问询参考处,参考处必乐为之解决。虽已如此声明,但参考职员仍宜对咨询者之动作,加以窥视,如呈窘迫现象,即应趋而助之,此种试验,对于咨询者颇有利益,且亦为多数民众所愿接受者也。

阅者确不能自助,或己力已竭而无所得,或为函电相询之问题,或系一时紧迫之事件,是皆参考职员应行代为解决之时也。惟际兹乃有问题生焉,问题维何?即咨询者如在馆时,参考职员是否令伊随同在侧,就理论上言,令伊随同在侧颇是,以可教伊以利用工具之法,组织材料之道,俾可养成其自助之美德。然就事实上言,恒有不可能者,例如阅者显系不可教者,或孱弱残废老迈而不便行走登降者,类此,参考职员当不愿多此附赘,以敏捷乃参考事务要素之一也。但在进行工作之时,宜与咨询者,以适当之读物,切勿令伊闲候,以误宝贵之光阴。

于兹正式工作应开始矣,如对问题尚欠明了可即查诸字典或百科全书,然后乃利用目录(此乃主要之参考工具)及获得适当之书名后,遂求之于书库,参考室杂志索引,公私书目,官书序列箱(最能解决现代问题),已往参考问题之记载等;至于工作之正确程序,则视问题与咨询者而异。上所云者,亦不得视为金科玉律,特与阅者以简括之概念耳!但在一切步骤之中,有条不紊之工作及方法,极为重要。故在工作伊始,务须慎思熟虑,不可仅竭无谓之热诚,不然则进行之速度,必大减于井井有条之工作,斯可逆料者也。速度固极重要,然谨慎之探讨,详密之观察,亦极重要,而精确则尤为重要!是均不可因速度而牺牲者也。

往日之各种记载,例如关于殊异相反之论料者,关于困难问题之门径者,关于常用题目者,关于曾经利用之书籍与材料者,及特别关于足资后用各项之准确出处者等,均为搜索材料时,极堪参考之资料。

参考职员,对于线索门径,恒须极端警觉,因线索门径,不仅在较显明之处所方法与工具中,亦有时可得之于不可思议,难以逆料,与未足凭信之处所。昨日所得之鳞爪,或可解答今日之重大问题;今日另一问题之工作,如行之昨日,或可应付昨日之问难者。类此种种,初何料及?是皆时会使然,岂可不警觉哉!

问题如极繁重,可请求阅者,假以充分之时间,如此始可得美满之结果,而阅者如确信参考职员必忠于其所托,亦多愿等候也。

八　衡较出处及优劣

出处者,由之可得参考资料之处也。寻常之云出处,概指书籍而言,然个人、团体、机关、会社、函件、官书、报章、小册及其他一切可得参考资料之处,亦未始不可谓为出处也。至于优劣乃指所获资料而言,辞甚易解,不必赘释。

图书馆于书籍之选购,概多偏重其体质,而弗尊视其内容,故编排印刷之优劣,书目索引之有无,与夫时代之远近等,往往于选购参考书籍时,影响于参考主任之判断者最巨。至于内容可靠与否,例不若上述诸事之重要,虽然图书馆对于著作者之权威,声望,出版者之信用名誉,及书籍之内容若何,亦未尝不稍加之以意,第斯之注意,复多偏于购求,而离乎致用耳。因是纷纷之争端生焉。有谓图书馆之职务,只购置关于一切题目之两面书籍,整理之使其易用,备充分合宜之职员,以服务阅者等事而已。至于材料之辨别,出处之衡较,则由阅者之事,图书馆不必代行之。此种理论,不无有理,第须一切阅者均能自助耳。试考以往,复测将来,阅者均能自助乎?证据显明,趋势可辨,何待赘言,而后可知其不能,是以现代图书馆多谓图书馆之职务,不仅购置书籍、整理书籍,供给职员而已;在需要情势之下,亦应代阅者,致力于材料之辨别,出处之衡较,俾阅者可得较大之利益。此种理论,固极佳善,且已为多数现代图书馆所实行,第尚多敷衍性质,而不彻底,殊为美中不足耳。

图书馆之选购书籍,既多偏重于体质方面,则其所有书籍,自难一律可靠。因此于供给阅者参考材料时,需要衡较辨别之机会良多,是故何种问题须用原文材料,何种问题既非原文,亦可无著者之书籍及稿件,与有著者之书籍及稿件,其相互之价值若何,新出之字典及类书,与屡经订正修改者之相互功用若何,编辑佳妙而公正之杂志,与教会政治党派商家等所出版者之相互威权若何,似此种种(所云者不过简单之例证而已),均须加以衡较辨别,然后阅者方可得最优而可靠之参考材料也。

九 供给适当之资料

图书馆之图书典籍,有难易之分,阅者之知识学问,有深浅之别,如以难者与浅者,犹之以易者与深者,均反本节之原理,而难获无上之效果。势必以难者与浅者,以易者与深者,而后可。再阅者不仅有程度高低之别,复有种类之分,故供给材料,必须与其所学者相近,不然亦不能得良好之结果。总之切勿供给参考者以不适当之答覆材料,而误之。设已经过心理之审察,探赜索隐之手续,而仍不能明了参考者之程度如何,是则参考职员之失职或无能矣。

参考职员宜竭力与阅者接近,并宜谨慎观察其兴趣,工作与才能,良以知之愈稔,则助之愈易,助之愈易,则材料亦必愈适当也。

吾人有一通病,即俗语所谓"眼见为实,耳听为虚"。故凡事物之不能亲眼目睹者,均怀疑之。是故参考职员对于某一问题,虽甚明了而可直接口答,然苟不与阅者以相当之材料,以证明其言非谬,则往往不能使阅者满意,或竟因无证据而触犯之,亦情有可能之事也。再口答问题,如成为习惯,则参考事务,亦将演为苟且浮浅者矣!不可不有所限制也。

十　行之过度

过犹不及,万事皆然,参考事务自非例外。例如一书一文,已足参考之用,然仍搜索无休,致供过于求,使阅者难于去取,如处五里雾中。此种弊害,何减于材料尚缺,而即停止供给,致阅者不得满足其需要。再如探寻之方法已尽,问题之线索已亡,一切希望已绝,然仍一意觅求,不知所止。更如编制参考书单,而不知其目的为何,或竟忘其用意为何,致使书单极形烦赘,不便使用。诸如此类,均谓行之过度,劳而无功,徒耗光阴,岂不可惜。是故参考材料之供给,必须视需要为转移,参考事务之施行,必须及适可而停止。夫如是,然后阅者可获益良多,图书馆可得利无算也。

十一　彻底服务

服务不能彻底,则不能使阅者十分满意,况且忤阅者之意兴,乃图书馆所深忌者。岂可不彻底服务之哉?是故参考职员,对于一切已受指导之阅者(特别对于能力薄弱,态度不明之阅者),须谨慎窥伺其动静,如有需要帮助之机会发生,则宜急速助之。如阅者显然有自助之能力,或不愿他人之过问,最好听之,为免误会也。再职员概颇有限,而阅者则往往极夥,如以一人而守视一人,则诚而为不可能之事,故在特殊情势之下,每一参考职员,可以同时侦察数人也。

人非仙神,孰为万能?参考问题之不能立即全数解答,亦系理之恒情,然阅者之兴,不可扫也,尤不可视其颓丧而去也,必以其他方法,而使其兴趣不泯,乃为正理维持兴趣之法。概有后列六种:

一　请求继续为之寻查,一俟获得结果,即函告或电知之。

二　阅者当日未能借获之书籍,至其他阅者用毕退还时,允为保留之,普通知未得该书之阅者,可借阅之日期。

三　有用之参考资料,或可自本馆其他部分得之,请阅者少候,以观有无效果。

四　设所得之结果,极不满意,参考职员可向阅者道歉,并恳切解释本馆之苦衷,及各种参考方法之已竭,为使阅者明了本馆非不愿为力,实乃力有未足,如此则恶感不生。

五　如所获之参考材料不甚美满,而该问题又极重要时,可将该参考者介绍于参考部主任或馆长,以求最后之答覆。因彼等对于本馆较为明了,且负有参考事务之最后责任也。纵本馆无相当之参考资料,彼等亦能自他处借之,或增置之,且亦欢迎此种参考者,以可反映图书馆之缺点,而便于选购书籍也。

六　最佳之法,即记清阅者之面貌及兴趣,以便收到对某阅者兴趣相近之书籍时通知之,以便其利用。故美国图书馆,多以卡片记载一般好学阅者之姓名,年龄,职业,住址,电话号码及性情,兴趣等,此举之能嘉惠士林,当非浅鲜也。

十二　记载结果

现代欧美图书馆,颇多记载参考事务之结果者,其记载之法,正如流通部之记载书籍之流通次数,此种参考事务结果之记载,对于未得圆满答覆之问题,尤为重要而不可忽略。

至于记载结果之功用,大抵如后:

一　为作统计及报告,以观参考事务之成绩。

二　为保存参考职员之心血。

三　为补苴书藏之缺弱。

四　为资来日之参考。

五　为答覆阅者。

六　为节省时间与心力。

七　为集宣传材料。

八　为鼓励阅者及参考职员之兴趣。

九　为训练新进参考职员。

十　为构成图书馆忠心服务社会之证据。

上述之记载,虽须清楚洁净,但往往均非正式之簿册,无非一种便利工具而已。至于保存此种记载之处所,则通在主要参考处,但本馆一切职员均可借用之。

参考事务结果之记载,亦有数种,兹分而述之如下:

一　关于普通问题者　凡阅者亲询之普通问题,业经立即面答者,只记问题之数目即可。其为函电相求,需较长之时间以答覆者,则须详细记载之。应记之各项,例为咨询者之姓名,住址,电话号数,订定来馆之时日,寄送参考资料之处所,问题,参考资料之用途,首先处理某问题之参考职员(此项颇为重要),总之凡有关之事,不厌其详,至于所参考之书籍材料等,及所得之结果,亦须加入,以便必要时,告咨询者以经过之详细情形,使其明了一切。

二　关于特殊问题者　此种记载,适如题示专记,困难奇异之问题,及搜获之结果,尤须特别注意。将来颇似有用,及未得圆满答覆之问题。此种记载,最好分类排比,以便后日之参考。至于应列之项目,按普通惯例,仅事实、出处及日期三者已足,然于特殊情形之下,如须加入其他事项时,亦可酌量增添之。

三　关于统计者　统计之重要,于记载结果之第一功用中,已略言及,盖可以观参考事务之成绩如何也。夫图书馆,上既不可负董事会之托,下又不可辜民众之望,故必须兢兢业业竭心尽力服务社会,而成绩如何,除赖感觉之评论外,复须以确实之成绩而证明之,是则统计尚矣。所应统计者,自为一切问题之数目,然于必要时,亦可酌加注解也。

一记记载,必须详明洁净,易解而有标准,以免将来重用时,再费心力。是故注释如觉必须,则加注释,参照如似重要,则增参照。总之务期与上述之原则不背为标的,未例证者,固可本斯旨以行事也。

至于以何记载,各图书馆亦有异同,有以卡片者,有用簿册者。

卡片则印就应列之各项,用时按次填入之。簿册则如流水账,或日记之形式。至于二者孰优,论者意见不同,有谓簿册优于卡片者,其理由即可以传之久远,且无散乱之弊。有反此论者,谓卡片便于检寻,易于改正,且具伸缩性。平心而论,吾从后者,以此种记载,原有十种目的,前已言之。兹重述之(一)为作统计及报告以观参考事务之成绩,(二)为保存参考职员之心血,(三)为补苴书藏之缺弱,(四)为资来日之参考,(五)为答覆阅者,(六)为节省时间与心力,(七)为集宣传材料,(八)为鼓励阅者及参考职员之兴趣,(九)为训练新进参考职员,(十)为构成图书馆忠心服务社会之证据。既有此十种目的,必有达此十种目的之方法,而方法又须敏捷而科学化。试问不有依时顺排比之记载,第一、二,七、八、十等目的易达乎?不有依类顺排比之记载,第三、四、九等目的易达乎?不有依字顺排比之记载,第五、第六两目的易达乎?吾知必不易也。苟欲求其易,则须改正一切记载簿册与其登录为固定式,显不易变。而卡片则不然,既可随意移动,复可自由修改,以之应付上述之十种目的颇易而经济,故从大体言之,卡片殊优于簿册也。

十三 借助他山

一图书馆之搜集,终属有限,而多图书馆之典藏,则诚无穷,是以锐觉之图书馆馆长,对于本馆所不能答覆之问题,恒不忘借助于其他图书馆。近日图书馆互助法之施行,正即斯意,其有益于参考事务实莫大焉。再除图书馆以外,个人、团体、机关、会社及其他处所之能供给参考材料者,亦自良多,且往往得之颇易,故亦为参考事务上极有力之赞助者,而不可忽视也。西人谓"必有知之者"。图书馆苟欲其参考事务之发达,可不奉为箴铭乎?

参考事务之类别二之三

参考问题既有难易,参考事务则有繁简;难易问题,既不能一视同仁,繁简事务,复岂可相提并论。类而别之,分而述之,是为要焉。兹依参考事务之性质,分之为三类(一)检寻事实,(二)搜索资料,(三)襄助研究。三类之界限,就表面上观之,固极判然,但自程序上论之,则颇相连系,盖自最简易之工作,而渐之于极繁难之事务也。如逾类别之范围,则检寻事实,可变为搜索资料;搜索资料,可变为襄助研究;递进之势,联系之密,于兹可见一般。至于三类参考事务,在今日图书馆中,究推何类为最普遍?论者咸以美国图书馆为调查之对象,调查之结果,检查事实与搜索资料,占参考事务之什九。襄助研究,虽占十之一,然苟依原则论之,则尚不足以言襄助研究也。夫美国图书馆事业,乃全球最发达者,其参考事务不过如斯,遑论其他各国矣!更遑论我国矣!虽然谚不云乎"事在人为",苟能急起直追,努力研究,热心提倡,切实实行,参考事务之完成,为期定属匪遥;后来居上,意中事耳,作者于斯,有厚望焉。兹将本章节目列后,以便讨论。

一　检寻事实

二　搜索资料

三　襄助研究

四　调查社会需要

五　研究馆藏状况

六　制作便利工具

一　检寻事实

检寻事实,乃最易之参考事务,所应付之问题。例有详明之陈请,确定之答案,答案维何? 无非姓名,日期,书名,统计,事实,数码等明定而简单之事实而已。再此类问题,必能立示答案之所在,逮寻获时例不出乎一书,或恒在于一页,此种事务,概多关于统计、传纪地理文学等类,其答案什九可得自数种最有用而普通之参考书籍中。此类问题之来,概皆急如星火,而答案之供给,亦以愈速愈妙。欧美大图书馆,及专门图书馆之答覆此类问题,其准确与速度,诚有可惊人者。然在我国,则不可同日而语矣。答覆之速度,亦应有所规定:在美国为五分钟过之,则非检寻事实之问题矣。但在我国,则宜稍为延长,以西洋书籍之编制较为简便,如每书概有目次,索引等,因之翻检良易,不若中籍之不科学化也。然时间至多,亦不得过七分钟,否则类别易矣。是故凡初似检寻事实之问题,而不能于七分钟内答覆者,即变为搜索资料之问题矣。其寻查之范围,亦因之而增广焉。

规模较大之图书馆,可在阅者最易于接近之处,设一问事处,其目的虽在指导来宾,速达其欲访之各部或各室,及答覆关于本图书馆及本地之问题,然泰半检寻事实之问题,亦可由此而答覆。问事处可备一架,最适用之参考书籍,置于举手可得之处。如此则一切简单易答之问题,悉可立即答覆矣。如问题稍为繁难,而需较长之时间及较多之书籍,以应付之时;或问事处之职员,自知已不能立即答覆时,则可将咨询者及其问题,指引于参考部。于指引之时,最好与咨询者一介绍片,上列其问题及其他必须之事项,如此则咨询者及参考部职员,均可省时省力良多矣。

问事处之职员,必须确切认清,十分了解其所应行及愿行之参考事务之性质及范围。因参考事务,恒为年幼职员所眈视,苟对其本身职务之性质及范围无确切之认识与彻底之了解,则难免有僭越职权之处,致失问事处之目的,及不能为咨询者尽最优之义务也。再问事处之职员,切不可积压紧急之问题,如展延时间也,推诿不答也等,均在应禁之例。此处之职员,必须敏捷干练,对于本

70

处之参考书籍,尤须熟悉,如此则可以寥寥之书籍,而答累累之问题。

凡伟大参考部,无论设否问事处,均应备充分之事实参考书籍,此等参考书籍,必须完全适于现时之用,图书馆亦可将此类参考书籍,别成一部,而置于最便利用之处,以可省阅者及参考职员之时与力也。此部分书籍所包括者,大抵为字典,辞典,历书,年鉴,指南,统计表册等,然亦须视本地之需要为转移。

检寻事实问题之答案,何时须代问者检寻,何时应令问者自寻,及是否应代问者检寻,议论纷歧,颇不一致。有谓图书馆不应代寻一切答案者,其理由概有两种:(一)代寻一切答案,与自助之美德,适相违反。(二)代寻一切答案,与训练民众自助之重要参考事务,理论正相背驰。诚然,如无问事处,每遇问题(尤其简易问题),参考职员确知某书可以答覆时,则例令问者自寻,虽往往证明,参考职员如代检寻,恒较敏捷,然图书馆苟稍存训练阅者自助之愿望,参考职员则不应代行一切,并应由最简单问题着手训练之。其赞成图书馆应代寻一切答案者,则谓(一)咨询者往往初次来馆者,故对于馆中工具,恒不能使用。(二)即习至者,亦往往有参考职员未能料及之困难,苟不代其查寻一切,则难免有不能使问者满意之处,如此则与图书馆尽量使一切阅者满意之原则不相符合矣。以上二种言论,均颇有理,但不能兼采并用,势必有所去取。至于以采用何者为宜,似应以图书馆之大小,性质,地位,本地民众之知识程度,及其他特殊情形为转移。

检寻事实之问题,颇为琐屑,无理,荒唐及不可能者,固甚多,然初似如斯,而终非如斯者,亦非鲜。故在未能确知必难为力之时,则应竭力理会,慎思,明辨问题之意义,以便融会贯通而利答覆。问题纵颇似琐屑,无理,荒唐及不可能,然苟尽力以搜求,参考职员因之亦可知悉较多之题目与书籍也,所得足偿所失矣。

二 搜索资料

搜索资料一事,较检寻事实稍为烦难,其搜索之范围,亦较后者为广大。在图书馆中,此类参考事务占最多数,属于此之问题,例有相当之答案,无论答案之能否寻得,然其界限则通甚准确明晰。因之可知搜索之目的物,定能存在或实现。但与检寻事实,则迥乎不同,此类问题绝非一字一数所能答覆,其所需要者乃实质详论及研究读阅著作谈论之资料等,而非零碎简单之事实也。然亦有时问题之答覆,确系以一字一数,但其时间,则非七分钟者。此种问题,表面虽似简易,然一经检寻,则煞费光阴。如抵牾之论,料必须考证也。参差之答案,必须辨别也等。如此则七分之限必逾,而检寻事实,亦因之而变为搜索资料矣。

参考书籍之最优者,虽堪资利用与信赖,然苟恃之过甚,则危险必生,所谓"尽信书则不如无书"也。盖因此等参考书籍,中文如图书集成,英文如大英百科全书等,对于一切问题,几皆可供给若干资料,但此等资料之答覆某一问题是否切当,除此等参考书籍之外尚有否其他书籍之具有尤详细,尤适当之资料者,斯乃极重要之问题。故必须注意咨询者,及其问题之性质,与来源也。再此类问题,不可答之过速,所谓欲速则不达者,是之谓也。最佳方法,即系将应用之资料,搜辑完全定一时日,答覆问者,如此可免不能供给适当,及充足资料之弊。虽然对于答覆问题,亦绝难有固定之金科玉律良以问题之多,多如恒河之沙,其性质与需要,自难一律,故须斟酌情形,因时制宜也。

三 襄助研究

襄助研究一事,在图书馆中颇为重要,且较上述二种参考事务,尤为烦难。兹分以下四项而讨论之。

一 襄助研究之意义

一　襄助研究之意义

"研究问题"之对象,非单独之事实,乃解答复杂问题之方法也。此类问题之完全答覆,不能得之于一书一页,仅可获之于多种典籍,而搜求之时,则又须谨慎精彻,否则仍不能达其的鹄。至于完全之答覆(或云解答之方法),无非由适当资料中,所采摭之意见事实等而已。凡此种种,必经辨研考证,方可信赖。故试验也,判断也,鉴定也,比较也,核计也,对照也等等手续,恒不可免。然有时尚难求得明确之解答,亦有时经数月之探讨,搜辑所获之结果,无非多条札记,甚或一篇经过之叙述或间论及经过之意义之记载而已。襄助研究之难,于斯可见一斑。

二　图书馆与研究之关系

一言以蔽之曰研究者,非图书馆本身之研究也(专门图书馆除外)。图书馆于答覆检寻事实,及搜索资料问题时,虽往往不能画清代行与自为之疆界,然于答覆研究问题时,则不可不画清,然亦自然之势也(图书馆家自不能精于一切学科,故有时虽欲代行而不能者)。界限虽清,然图书馆与研究之关系,则颇密切,何以言之,如采访适当之书籍也,鼓励学者之利用也,书籍之精当整理也,工具之广博备办也,物质上利便舒适之供给也,使用上自由放纵之培养也,编目也,分类也,作书目也,制索引也,其所需要者,乃实质详论及研究读阅著作谈论之资料等而非零碎简单之事实也。然亦有时问题之提要也,翻译也等皆与研究有关,此外犹有最要之一事,即须有适当之职员。此种职员,必须和蔼可亲,精明练达,有同情心,具了解力,学识尤须渊博,设无此种干才居乎图书馆与"研究"之间,则二者永久互利之关系,不可得矣。

然而图书馆亦自有其本身之研究焉,如书目索引提要等之编纂,制作如能本精益求精之精神为之,亦系研究之一种,且甚有用其价值,较之他种研究,恒伯仲间耳。

三 图书馆应付研究之趋势

图书馆之搜罗愈丰富,则书籍之门类愈复杂,门类愈复杂,则管理愈烦难,势必别析部组,分工合作,而后方利行事。第管理此等部组者,为何等人,斯乃极重要之问题,而不可不加以讨论者也。就今日事实而论,一般现任之管理者,与理想之管理者,概皆相差颇远。至于如何救济,方为适宜,斯亦极难之事。就理想而论,管理者必须兼具图书馆家及专门家之资格,其名称即"专家图书馆家"。盖因不谙图书馆学,则不能管理得当,无专精特长,则不能襄助适宜。二者必须兼具,然后成效方臻伟著也。第兼才之罕,犹如凤毛麟角,岂易寻求?观夫欧美各大图书馆,其各部之管理者,尚非理想中之专家,图书馆家,可知兼才之难得矣。其差堪希冀者,惟有昔为专门家之助手,而今研究图书馆学者,第此等人,亦颇鲜见,故今日仍不能兼才之是求也。至于何时此等兼才,方能实现?及图书馆学与他种专科二者,何者宜先行攻求,斯亦颇难答覆之问题。但图书馆苟欲完成其高尚之服务,则兼才之重要,颇极显明。既感显明之重要,则需求者必多,需求者多,则供应者亦必生焉,是乃自然之趋势也。现代欧美图书馆学校多有延长其卒业之年限,并尽量使之沟通于其他既得之专门学识者,盖已感觉兼才之重要矣。欧美大学图书馆,偶然亦有聘请对于图书馆事务颇具兴趣,而与之有名誉关系之教授,为管理人员,或顾问者,但彼等之职务,则只能止于书籍之选择,与组织二事而已。至于重要职务,如解答问题,襄助研究等,则恒不担任。公共图书馆亦偶有指导研究者,或研究专家之产生。凡此种种,虽未能尽合理想之标准,然亦未始非专家图书馆家产生之朕兆也。

专家图书馆家之职务,非系自行研究之工作,前已论之矣。但其职务,究为何耶?在"图书馆与研究之关系"一节内,已言之过

74

半矣。犹须加者,宜兼并专家与图书馆家之职务于指导及启迪能力之内。盖因无此二种能力,则不能管理与利用其所司掌之书籍得宜也。兹将专家家应具之资格,条列于后。

甲　为专家

1. 须具了解研究者之目的及意向之能力。

2. 须精于其所专攻之学科,如此方能明了本学科以内或相关之问题,门外汉及徒有专家之虚名者,何能有助于研究?

3. 须能教授研究者,关于其问题之书目、学识及图书馆对于一切研究上之无上功能。若只系专家,必难有此能力;仅为图书馆家,亦难有此能力。故专家图书馆家之为贵焉。惜今日尚乏此种人材,其差强人意者,惟少明图书馆用法之大学教授而已。

4. 须能知添置何种书籍。印刷之术愈昌明,粗劣之书亦愈夥,能辨别其优劣者,惟专家为最精。

乙　为图书馆家

1. 须明了研究资料之大类别,此种类别较大于某种学科,对于一切研究者,均为重要,并常常为人所参考,一经引用须均极适宜,尤须竭力搜辑相关之附属材料,以便研究者之利用。

2. 必须洞悉一切书目目录及索引等,如此方能襄助研究者,求获极丰富极完全之参考资料。

3. 学识必须渊博,如此方能建议新源泉,发现新途径,指示明路,供给资料及介绍使用工具等,因此光阴得以省节,搜辑得以美满也。

四　研究程序举例

下举之研究程序,虽不敢云必能适合于一切问题;然一切问题,莫不可不参考之。苟因问题之性质,而斟酌增删其繁简以求绝对适宜,则尤为善法。

研究程序

1. 选择题目

2. 审核题目

3. 搜辑应用书目

4. 解释题目之意义

5. 分析题目之元素或提挈题目之纲领

6. 类别题目之元素

7. 审定五六两项所需要之研究资料

8. 确定必须资料之出处

9. 试验解答题目法

10. 收集资料

11. 整理资料

12. 分析并解释资料

13. 理清资料以便使用

14. 选择并引用典证参照及脚注

15. 制定文章之款式及体裁

研究程序又可分为五步：

1. 分析题目

2. 搜辑资料

3. 区别并表列资料

4. 表述结论

5. 立定结论

四　调查社会需要

社会之组织不同,故其需要亦异;不明其需要,而欲参考事务能行之得当,是犹缘木而求鱼也。盖以泰半参考问题之发生,非关涉本地,即连系于外方,故图书馆主任,及参考职员,知悉各地之需要愈详,则其事务亦必行之愈当,此显然不易之理也。

往往有一种人,对于社会之状况与需要颇极洞晓。而所以能洞晓者,亦非赖诸调查,无非平日对于社会事件,均具有自然之兴趣,故于无意之中,而能明了其一切。此种人,盖得天独厚,不可与常人同日而语也。常人可藉后列之法,以求知社会之需要。

1. 至低限度,须仔细阅读本地新闻纸一份。

2. 阅读各种社会调查,如教育调查,经济调查,宗教调查,社会调查,实业调查等。

3. 阅读本地最精确之史志,外来之参考主任应尽先行此。

4. 联络民众(此为研究求社会知识之基本方法)。

5. 检查关涉本地之新书,杂志,甚至地方指南,官家报告,商会刊物等均可检查。

6. 交接本地主要机关或实业,尤其本地因之而著称者。

7. 尽量接受对地方团体讲演之邀请,并应竭力寻求其他讲演机会。

8. 加入数种地方组织,亦可获益匪浅。

9. 注意日常参考问题,此种参考问题,极可表现社会对图书馆之参考需要,并能宣示图书馆搜藏及职员之强弱点。

10. 注意流通统计,以可呈露阅者之日常兴趣也。

11. 令一切职员报告地方重要事件于参考部。

12. 注意国省城等事件(可阅著名大报及社会评论杂志等)。

五 研究馆藏状况

知己知彼,百战百胜,战争如斯也,参考事务,复何独不然? 已知社会之需要矣,而不能供应之,或不知如何供应之,事何能成? 日的安得达? 故研究馆藏状况一事,与调查社会需要一事,实有互相联系之关系焉。

馆藏之能否供应需要,非可一目了然,必也,以需要与馆藏,互相衡较,彼此对比,而后可比较之结果,即馆藏强弱之明证。既知之矣,即应按类而补充之,夫然后可免供不应求之弊。至于如何可知供应之法,是尤极不易者。第一参考主任必须具(一)嗜读书之特性,(二)读书之习惯。第二参考主任必须博通(一)一切书籍,(二)各种工具,(三)图书馆之机械。而博通书籍之法,复有后列数端:

1. 最善之法,即利用书籍。

2. 其他善法,即介绍书籍,以便购置(或介绍较旧之书,以补某类之不足;或举荐各种新书以增馆藏之势力不等,举荐新书较难,故选择时必须实地考查本书,或继续阅读精良书评)。

3. 研究他部之庋藏,及日常加增之新书,以便随时借用。

4. 职员轮换办公,亦系增长学识之道。故凡重视参考事务者,咸不愿以尚未工作于其他各部者,为参考部之职员也。

5. 新书讨论会,往往加增新书知识。

6. 参考职员,多有审查一切新书者,故往往均置于特别书架上二三日,以便审查参考书籍;则一切参考职员,均审查之。

7. 参考职员,往往帮助编目部分类编目;编目部亦往往帮助参考部执行参考职务。无论图书馆之大小,此乃颇佳之理论,但实际上,除小图书馆外,大图书馆恒不能采用之,盖因职司甚清,混之则工作不能顺利也。

六 制作便利工具

凡良好参考主任,无论其书籍与书目如何完备精良,亦无论图书馆之目录,如何详细准确,必制作各种非正式之目录书目索引等,以补正式书籍及工具之不足,而便本身及属员之利用。此类可用之材料,概皆仅具须臾之价值,或功用过于偏狭,附于序列箱既不可,故不得不别置另用也。但苟能审慎辨别,仔细整理,藏以妥善处所,加以精当导卡,其功用亦颇广大焉。据魏耳氏调查,数十美国大图书馆之所得,有三十种,此类目录与索引,兹条列之如后:

1. 万国舌音字典。

2. 指南。

3. 法律——分类字顺排比。

4. 耶稣圣诞节索引：唱诗游戏树木故事等。

5. 耶稣复活节索引：唱诗。

6. 感谢节索引：唱诗。

7. 短篇故事：海洋西方神鬼怪等。

8. 馈赠书籍之建议：依性别及年龄排比。

9. 偶现诗：Granger 之补编。

10. 小说：依体裁及种类排比。

11. 成人教育目录：特宜于特殊用途之书籍。

12. 辩论索引。

13. 堪为之事：编织之事。

14. 本地新闻纸。

15. 书札目录：依类排比。

16. 偶然事件。

17. 传记（大半为本地名人）。

18. 往昔参考成绩。

19. 个人（可得而咨询者）及其所长。

20. 未索引之集书。

21. 书目。

22. 家谱。

23. 业翻译者。

24. 教师。

25. 节期文字。

26. 业速记者。

27. 附近其他公私图书馆之参考资料。

28. 现行官书（索引未印成时）。

29. 杂志索引中未著录之杂志。

30. 美妙图画目录。

是类目录与索引，自不能尽止于此，引而伸之，推而广之，定可增益于无穷，所列举者，无非示吾人以例证与吾人以模范而已。虽然亦须视环境之需要，而因时制宜也。再便利工具，亦不能只目录与索引二种，幸阅者触类旁通，权宜制作之焉。

各种图书馆参考事务之异同二之四

自欧美文化东渐，图书馆一物，乃渐邀社会人士之注意；以为普及教育，促进文化，舍此莫由；于是改其旧观念，劝其新意志，加意提倡，努力建设，图书馆之生，遂乃日多一日。迫乎民国蕃殖，尤甚匪微，数量之激增，而种类亦日新月异，如公共图书馆也，学校图书馆也，专门图书馆也，不胜枚举，而每种之中，复多异同，如公共图书馆之以体积别，政策分；学校图书馆之以等级分，种类别；至于专门图书馆，则分不胜分，别不胜别矣。既有区别，定具特质，宗旨范围之不同，组织行政之差异，显然若揭矣。图书馆之种类，既如是之多，差别复如斯之大；参考事务之性质与范围，亦自不能一律，辨其异同，考其繁简，是则本章之宗旨也。兹分图书馆为下列三大类，依次论之。

一　公共图书馆
二　学校图书馆
三　专门图书馆

一　公共图书馆

（一）特殊情形　公共图书馆，大异于学校及专门图书馆。学校图书馆，所服务之阅者，例为有固定人数，等级，及目标之青年学生；专门图书馆，所服务之阅者，通系具确实鹄的，狭小科别之成年民众；而公共图书馆所服务者，则无宗教之异，国籍之分，阶级职业之别,男女老幼智愚贤不肖之殊矣,苟欲利用图书馆者,莫不一视同仁,而大以成大,小以成小也。换言之,公共图书馆所服务者乃全社会,而其他二种所服务者不过社会之一部耳,而此一部复往往多赖诸公共图书馆也,其参考部之为一切人士享用,亦可明矣。再于训练自助上,公共图书馆之阅者,通较学校图书馆之阅者为难教(专门图书馆之阅者,概有相当之学识,且多能自助),后者既系学生,当具较大求知之欲,且可聚集训练。前者则不能如是,以阅者来去既无常,程度复不侔,故仅可择常至而可教者,如教员,学者,研究家,授以自助之法而已。虽然其他阅者,亦须竭力应付,故社会之状况与需要必须彻底明了也。(参阅"调查社会需要"一节)

因阅览者之复杂,故参考问题及事务亦繁重。在学校及专门图书馆中,其参考之范围,概可预料而不全相差甚远,在公共图书馆中则不能。盖因学校之课程,例系固定,故图书馆可固之而行事,且年复一年,极少差别,云乎处置,良称易也。专门图书馆之参考问题及研究,则概不远离图书馆之性质,故应付亦不甚难。而公共图书馆之参考问题及事务,则五花八门,头绪万端,既需干练繁夥之职员,复需精良充足之书籍,无此二种要素,则不易供应繁杂之参考者也。

伟大公共图书馆,例有极多支馆,此种支馆,与学校图书馆之支馆不同,学校图书馆之支馆,概为总馆之一部,其书藏亦各具特质,故其参考事务,亦各自不同。公共图书馆之支馆,则不若是,虽支馆林立,但书藏则无大差别,良以公共图书馆之目的,乃在服务群众,而各地众群之需要,则通颇类似也。其参考事务,亦相仿佛,所不克解答者,则皆赖诸总馆,故总馆必须(一)有一支馆参考事务监督者。(二)有一参考事务负责者。(三)备充分之电话,通达于总支馆之间。(四)有总支馆间日日信差。(五)迅速答覆支馆之咨询。(六)选择参考资料,除支馆参考职员有自由介绍参考资料之权外,于选择参考资料时,总馆并须征询其意见。以上六项之中,以第一项为最重要,或自成一部,或附于总参考部不等,亦多有令支馆监督兼之者,亦经济之法也。

(二)普通参考事务　公共图书馆之类别,多依体积而分为四种:甲最小公共图书馆,乙小公共图书馆,丙中公共图书馆,丁大公共图书馆。兹即依此类别,而论其普通参考事务。

甲　最小公共图书馆

此指馆舍不过一室,职员仅有一人,预算在千元以下,书藏弗逾千卷者而言。但图书馆无论如何狭小,参考事务则绝不能免除,至低限度,预算之内,必具参考书籍一项,并须有其置放之地位,及整理之时间。参考书籍之数量,不妨量力少购,然必须慎选精择,以符"以最少之书,而供最多之求"之原则。一般人士,复多有主张尽量多备参考书者,盖谓购置参考书籍,乃使用公共款项之良法,颇胜于购置普通书籍,以普通书籍,人可自购,而参考书籍,不但多无力自购,且多不善于选择与购买也。此说虽颇有理,然亦须视图书馆之财力书藏及其他情形而定其方针。

最小公共图书馆之参考事务,颇因图书馆互助法而大增其效率,往昔所谓"图书馆愈小,则参考事务愈有限"之原则,遂亦失其准确,良以此图书馆虽小,而其他图书馆未必亦小也,况"集腋成裘",古有明训乎? 故一般民众,亦渐渐感觉最小图书馆,非惟可供给良好读物,抑且可代民众解答一切疑难也。兹将最小图书馆,关于参考事务,应为之事项,条列下方以供采纳。

一　至低限度,必须备一良好字典,一本国百科全书,一精良地图,一主要年鉴,一最优典故书,及本省立法便览。

二　自图书馆开办起,每年必以书费之一固定部分,为购置参考书籍之用。

三　设图书馆之收入,非极小亦非不定,则每年至少必须订购五六份优美杂志,并宜装订之,其著录于杂志索引中者尤佳。如此则必须购备杂志索引,以为其主要参考工具。

四 如职员充足,则须为一切非小说材料编制标题目录,若夫分析目录,在小图书馆中,则尤为有用。

五 努力搜罗重要小册材料,并善为整理之,以便参考,此类小册材料多可免费而得。

六 如财力能及,则购一序列箱,以藏小册材料图画及剪片等,每种必有一标题,并须以适当方法,排比之以便检寻。

七 应与本地一切大小公私图书馆,尽力联络,以便必要时,借用其参考书籍。

八 在一切广告中,必须陈述其参考之便利,以促使社会人士,明了图书馆对于一切参考问题,均能供给优良材料。自备者固无论矣,即未备者,亦可由其他图书馆借获也。

乙 小公共图书馆

小公共图书馆者,藏书不满两万卷,职员弗逾六七人之谓也。此种图书馆,概在城市之中,故参考事务,亦颇繁杂。若系大公共图书馆,则有参考部之组织;而此种小者,则仍不能分部,其职员虽未必能胜任一切职务,然一切职务,则均不可不明了,故往往轮流司掌参考事务。

由最小图书馆,扩充而为小图书馆,其书籍阅者物质便利,及参考事务,亦必增繁,而民众之兴趣与志愿,则多因新兴学校实业家庭会社运动及社会事业而转新。凡此种种变迁,图书馆均须勇往直前,而应付之以尽"图书馆为社会之知识总汇"之责任。如小图书馆日渐扩大,其职员亦须增多。更须有一职员,专司参考之事,是即分部工作之肇端。小图书馆之参考事务,与最小图书馆之参考事务,其差别多在于质量,而少在于类别。良以图书馆既扩大,其设备亦须改良,书籍亦须多备,并须辟专室以藏之。至于职员,尤须才干,如此增加之书,方可有较大之功用,否则不可也。

小图书馆之参考书籍,必须特别精良,故选择时,例较大图书馆为审慎,盖因大图书馆之普通书藏,通极丰富,故能补参考书藏之不足。而小图书馆之参考需要，既不减于大图书馆，其普通书藏，复大弱于大图书馆，故不得不多赖诸参考书藏也。犹有一事堪增加此少数书籍之效用者，即其职员必须尽量明了其所有之书籍，如有敏捷而持久之记忆力，则其参考事务，往往神妙莫测至如编目方法，如分析目录杂志论文目录，及报章索引等，亦能扩大寥寥书藏之功用。

小图书馆之书籍，虽难浩博，但有一类书籍，无论任何小图书馆，均应尽量置备，该类何书耶？曰：即本地史书也。本地苟无历史学会，此类书籍之搜辑，则为一切公共图书馆当务之急，其费用极少，以此类材料多在本地也。此事之目的，乃系将此类材料搜辑一处，妥为整理，以供民众之参考。苟能求得其全，则图书馆与社会，不仅可自庆，且可自豪也。此类材料之种类，概为本地历史，家谱，官家报告，报章及关于本地之书籍小册，图画照片，招帖等；即偶然琐碎之材料，如游艺秩序单，传单教育及学校公报，宴会菜单等亦因时代而生价值。本地历史，家谱，官家报告，及报章均为人所乐赠，其他各项亦多可免费而得。总之于搜辑此类材料时，第一步即系征求；征求不得则假借；假借不得则交换；交换不得才购置。若将图书馆之希望，宣布于社会，并常常展览此种特藏，定能获得颇多之馈赠。

丙　中公共图书馆

大小公共图书馆之间，不可无中公共图书馆。此种图书馆之书藏概在两万至十万卷之间，组织通系分部，惟因参考技术在一切公共图书馆内，均系大同小异，故此种图书馆之分类，似觉繁赘。虽然，其参考事务在技术上，虽无特大差别，然在组织及行政上，则多具异同也。（参考行政篇，参考部一章具有专论兹不赘述）

丁　大公共图书馆

此种图书馆之参考事务，极为繁重，盖因公共图书馆乃人人之图书馆。一有疑难，罔不赖之，故其问题，极为复杂繁夥，虽往往觉其滑稽不经或浅陋无理,然咨询者,则莫不重之,故图书馆仍须与以相当之答覆也。

欧美大公共图书馆之设备,通颇完善,以不如此则不可也。其参考特藏动辄万卷,而相辅书籍则什百之,参考职员恒亦极夥而复多,系专家立专部以司其事,藉收分工合作之效,其消费之大,书藏之富,职员之充足,组织之完善,均非三十年前称大图书馆者所能望其项背,参考事务发达之速,诚可惊人也。

(三)特殊参考事务　所谓特殊参考事务者,即对甲、儿童,乙、教员与学生,丙、研究会,丁、成人等所尽之特别参考义务也。此种参考事务,在一切公共图书馆中,虽均难免,但多发生于较大之公共图书馆中。

甲　儿童特殊参考事务

成人与儿童之不能同处一处,几如冰炭之不能同炉,盖因一系好静一系好动也。公共图书馆有鉴及此,故一切关于儿童之事务,均分别行之,参考事务亦然,有附于儿童部者,有别辟一室者,有本特别条件而允许儿童使用成人参考室者。总之,均不合成人与儿童为一部,恐妨乎成人也。儿童年龄增长,及于所规定使用成人参考部标准之时,则可过于成人参考部。

儿童特殊参考事务,概有二种:其一因儿童个人之兴趣而生者,其二因与学校合作而生者。第一种,概在图书馆中,第二种则或在学校中,或在图书馆中不定。再第二种参考事务,须与学校教职员通力合作,成效方可伟大。

乙　教员与学生特殊参考事务

教员与学生,乃图书馆阅览人中之优秀份子,故应格外优待,恒有专备一室,为其读阅及参考之用者。在此室中,则陈列有关其工作或课程之书籍,关于辩论及指定之课程,图书馆亦应为其存备书籍,尤应勉励之,使其尽量利用图书馆。然亦因特别优待之故,一般学生恒大劳参考职员之心神,并常搅扰其他参考者于不安,是须设法避免者也。

丙　研究会特殊参考事务

近数十年来,研究会之设日多一日,其目的概颇正大,国计民生教育文化利赖良多,然往往因经费缺乏,致不能尽量购置参考资料,或为才识所限,而弗克计画周密,因之难偿所愿,大违初心者颇多,似此劳而无功,良可惜也。公共图书馆亟应起而助之,欧美公共图书馆多有每年致函卓著之研究会者,函内或陈述图书馆愿代计画方法,或备办书目之意旨,或征求其已定之方案,而为之预备书籍及代购本馆所缺者。此等办法殊为佳善,愿吾国公共图书馆有以效之。

丁　成人特殊参考事务

成人教育,风动一时,世界万国,莫不靡然,乃成教育之口号,遂引图书馆之重视,以为提高成人教育,推广图书馆功用,斯诚良机不可失也。于是美国图书馆协会,乃有成人教育委员会之组织,从事研究鼓励施行于兹盖有年矣。

此种教育,与普通阅读几适相反,与图书馆之偶然奖励,及指导阅读与研究,亦颇不同。自阅者方面论,必须具固定之目标,恳切之志愿,勤奋之精神,持久之毅力;由图书馆方面言,必须有自动之意志,坚苦之精神,详细之计画,精彻之服务。图书馆施行此种教育之始,或在流通部,或在参考部不等,盖视职员地位及时间等为转移也。并有阅读顾问之设,此之顾问,非附属于任何部分,但与一切部分则均有关系,既经彻底研究组织及创办,可知图书馆之于成人教育,非仅尽普通参考事务之责任而已也,又须尽精深者焉。精深之参考事务,则须干练之职员,及丰富之馆藏。

所应服务之成人,概分两种:其一团体,其二个人。服务团体,则须为之预备教育书籍,促其利用服务;个人则须视其能力,而与以适宜之帮助及供以相当之书籍,并须继续助之以求良好之结果。服务个人以图书馆为最适宜,以能大以成大,小以成小也。不信与一般函授学校,及营业性质教育机关较之,定知此言非谬矣。惟个人教育,颇费时力,致一般公共图书馆,恒视之为畏途耳。

是类特殊服务,例需特种职员及设备,特种人员及设备为何?即(一)阅读顾问,(二)位置,(三)重要书目工具,(四)记载,(五)书籍。无此五者,则不可盲然从事,不然定难获良好之结果。

(一)阅读顾问　此人必须学识渊博,经验宏富,精于图书馆学,长于编纂之术,人品高尚,性情机警,有同情心,具忍耐力,洞悉教育心理学,并能本学识及经验介绍同类之适当书籍,于能力不齐,程度不等,目的不一之男女,故此人之资格,往往在同事中为最高者。

(二)位置　阅读顾问处,须在不寻而可见之处,此非言必在图书馆,阅者最多之地也。乃概指阅者寻书时,所必经之处耳。最适宜者,即在临门之过厅中,但亦须加以布置,以利工作并须有置放书目工具之处,及取书之便利,接近目录,尤为要焉。

(三)重要书目工具　关于书籍之书籍,讨论读书之书籍,关于书籍及读书之单篇零章,各种读书程序书目,各种标准参考书籍之备书目者等,均为阅读顾问之工具;而图书馆之目录,则较上述各种尤为重要,以可证明书目中之书籍,是否切合于需要该书之阅者也。

上所论者,必须加以详细考虑及准备,方可施行,不然则颇难获得成效;此非沮骇有志斯事者,诚为慎重起见耳。

二　学校图书馆

甲　大学图书馆

(一)特殊情形　图书馆之范围既清,则阅者之种类可明,盖凡与大学有关者,方可使用之也。其阅者之主要成分,则为教授及学生,教授不必论矣,学生则为一切注册之在校学生,为数既弗及公共图书馆阅者之多,为类复不若公共图书馆阅者之杂,程度既有标准,工作复具指归,况已略识图书馆之门径,何难升堂入室？故论及阅者,大学图书馆诚易于应付也。

大学教授,多为专家,图书馆主任宜竭力联络之,所获利益,定非浅鲜。惟教授均甚忙碌,显然难获迅速之帮助,故图书馆主任,宜以电话贯通各院,并应知各教授授课之时间,以求双方之便利;苟不以寻常问题扰之,而能将请求陈述清楚,则不仅可免盲人瞎马之寻求,复可获崭新适宜之答覆,较之公共图书馆,良有优越者焉。

大学图书馆书籍之位置,最易变更,盖因学校之需要繁杂,不得不因时制宜,权变处之也。然在紧急需要之下,参考主任,特别感觉重要者,即书籍之所在。故一切位置之变更,必须加以记载,否则有误。检查位置常变之书籍,概有六种:(一)参考书籍。(普通书籍有变为参考书籍者,参考书籍亦有变成普通书籍者,盖因时代、需要、性质功用及特种情形而异也。故参考室之书籍,常常有移入书库者,而书库之书籍,亦常常有过于参考室者。)(二)暂时指定为课外读物者。(三)暂置于辩论室研究室及其他处所,并因学科因教授而更换者。(此类书籍必在借书处登记,用时即在该处索取,管理某室之教授,应负某室书籍之全责,盖因常有遗留其他书籍于该室,而自由携出该室原有之书籍者也。)(四)阅者用为研究之资料,图书馆日日保存之,以便其使用者。(此法大便于特种阅者,并省职员之时间,但须谨慎记载以免错误。)(五)公开书籍。(书籍未必尽可公开,而公开者未必永远公开,故其位置,恒常变易。再凡公开之书籍,多可供参考之用,故其存在性质及位置,参考职员均须记之。公开书籍多有因参考部或为参考部而成者,此类书籍,宜常更换,如此则较新较良,而最有用者,可常在手下也。除此之外,参考部并应置备一二书架,专列新出或应时之书籍,此种书籍,与本校课程有无关系,均可不论,如现代戏曲中日战争等皆可。)(六)应限制者。(此指应保藏之书籍,如善书珍本美术装订者一切以为可宝贵及易于丢失者。)

大学图书馆之设,原为便教授之研求,助学生之深造,便研求助深造,固非寻常阅读可比也。由是可见参考事务之是重且繁矣。良以为教授者,苟非专家,即系鸿儒,所研所求者,概非普通事项,多为深奥学术,凡此莫非参考事务也。而学生则例有必修之学科,固定之课程,所赖诸图书馆者,非为求精深之造诣,即系寻指定之资料,凡此又莫非参考事务也。固有为消遣而利用图书馆者,然为数实寥寥耳。故参考事务在大学图书馆中,诚为主要而繁重之职务也。

大学图书馆之参考事务可分四项论之:

1. 关于教授者

2. 关于学生者

3. 关于毕业生者

4. 关于本社会者 (1 与 2 为主要)

一 关于教授者

参考主任,首先必须知悉一切教授之姓名略历学问旨趣,教授之学科,著作之书籍,尤其当时正在著作者及本校之历史习惯等(馆长亦应知此种种)。有此知识,复加以广博之学问于参考上,颇能襄助教授。他如各种新组织,各种新设施,亦应时时留意,以便准备应付所谓"宜未雨而绸缪勿临渴而掘井"者,正斯之谓也。

参考主任之襄助教授,多偏于编制书目,使用参考工具,及图书馆使用法等方面,盖因教授之学问,通颇淹博,固无须借助于人也。其所短者,概系不明图书馆之技巧,及科学之方法。然一般教授,率多骄矜自恃,不欲示弱于人,故往往编制书目,不依精当之方法,致引一般学生误入歧途,良可惜也。故参考主任,应自动助之,至于教授自身之使用图书馆,参考主任亦应以不失教授尊严之方法,乘机助之。俗语所谓:"初见生,再见熟,三见为朋友。"以之喻此,有可不当?

教授与参考主任之关系,概发生于四种时际:(一)寻求教授材料时。(二)指导研究时。(三)自行研究时。(四)寻求消遣读物时。于此而宜注意者,即参考主任,必须能敏捷了解教授之请求,及请求之关涉,并须深知学者及研究之目的与方法,夫然后方可收优美之成效。

二 关于学生者

此种参考事务,恒可因学校课程而断定,参考主任必须详悉此点。在规模较小之大学,其最近课程之纲领,及读书目录,往往置于图书馆参考处,故知之颇易。在规模特大者,参考主任则须自行搜辑之,如对于所列之学科,有不熟悉者,则须尽力求知之;不然,则虽知课程为何,但仍不能为力也。

参考事务与课程,关系之密切,及参考问题之具重复性,人尽知之,无可讳言。故有人谓在规模甚小之大学中,无所谓真正之参考事务,盖一切问题,几咸关连乎课程及固定之参考资料也。诚然,教授之方法及资料,固颇影响于参考事务,第此说未免言之过甚耳。参考职员苟能时时注意现代问题,及学校作为,并能购置适当书籍,以配应之,及宣传图书馆对于答覆课外参考问题之热心及能力,亦良能增加课外参考事务匪鲜也。

关于学生之参考事务,可分三类,一固定者;二非固定但必须者;三自动者。固定参考事务,概为教授所指定者,学生遵命行之而已。往往一班学生同一参考题目,故为方便计,图书馆恒特备一室,并派一馆员以司其事,就参考原则论,此不得论之参考事务也。非固定但必须者,可以自拟题目,著作论文,或自寻材料答覆派定之题目及辩论等事为例,斯乃真正之参考事务也。著作论文须恃己力,及图书馆之帮助,故参考职员如愿竭力助之,可得良多机会,然如权宜助之,亦系养成学生自助之良法。至于辩论研究等事,尤增图书馆之参考事务,故图书馆有备若干专室,及派若干员以助之者。自动参考事务,即因个人之兴趣而生者,所参考之资料,概不与课程有关,乃课外问题,学生自心好之,因而从事研究者也。此类参考事务,在一般大学图书馆中,均不甚夥,然参考主任如欲提倡之鼓励之,亦非不可。(大学多有加图书馆学一科,或定一特别时期,教授此科者。)第须具广博之学识,丰富之经验,确能有助于学生,诚可嘉惠乎士子,然后方不徒劳也。

三 关于毕业生者

设使服务毕业生,不致妨碍乎服务教授及学生,则一切大学图书馆无不愿服务之。虽然,但亦不提倡之宣传之,以促毕业生之利用图书馆也,故多听其自生自灭而已。

服务毕业生,概系借给书籍,虽亦有助之选购书籍,及选择书籍以供其辩论或著述之用者,但繁重参考事务,如为其编制书目计画研究方法等,则惟有极大图书馆施行之,小图书馆则概弗为之也。然按理论之,借书应有严厉之限制,参考事务则不必也。即尽力而宣传之,吾知亦难增繁,即能增繁,添加参考职员可耳。毕业生与在校学生,原无分别,固应一视同仁,所云借书必须限制者,盖因学校图书馆之书籍,主要之目的,原为供在校教授及学生之用耳,设图书馆之搜罗宏富,并服务本社会其他人士(见下节),则借书之限制,未始不可取消也。

四 关于本社会者

大学不无在小城市中者,此等城市,多有无力设立公共图书馆,以供学生儿童及一般与大学无关人士之用者。在此种情形之下,大学图书馆,亟宜斟酌服务之。如欲服务全社会,则其参考事务之增加必矣。如此则须多备书籍及职员,否则不易收效也。

城市之有公共图书馆者,大学图书馆宜辅助之,并宜切实与之合作。参考主任则须为社会人士备一阅读研究之处,并须同等帮助之,亦可权宜借出书籍,但须特别慎重耳。

有极大公共图书馆之处,大学图书馆参考部则可以该公共图书馆为社会参考事务之代办者,如借书与公共图书馆,而不直接借与个人,介绍社会人士之请求于公共图书馆,而不自行答覆等是也。须注意,介绍请求时,必须向请求者说明,公共图书馆必能尽力以答覆之。

大学图书馆多有在各院设立分馆者,此种分馆之参考事务,则概不出其固定之范围。如文学院,则概关乎文学;法学院,则通涉及法学。其参考问题,虽皆多以其特藏应之,但一切分馆之书藏,则均不若总馆之浩博丰富。然而往往有一不良趋势,即分馆主任,多有自足,而轻忽总馆及其他分馆之心,故常有未获圆满答覆之参考者,而即行出馆者。苟能本原则以施行参考事务,并能与总馆及其他分馆尽力合作,此等参考者,未必不能如愿以偿也。然此需专门人材以司其事,时时聚会(分馆主任),以通声息,轮转掌管,以广见闻,互通音信,以利致用,非可苟且从事也。

乙　中小学校图书馆(中小学校图书馆之参考事务大略相同故并而论之)

中小学校图书馆之参考事务,与大学图书馆之参考事务相同之处,概有三点:(一)所服务者,乃固定而有限之人数。(二)参考事务概与学校课程有关。(三)参考事务,多系寻查或帮助寻查教员指定之参考资料。设学校对于学生自己使用图书馆上,有相当之训练,则此类事务,大可减少,图书馆则可多致力于精深之参考事务。其特殊者,则有五项:(一)教导使用图书馆及参考资料。(二)图书馆与学校事务之关系。(三)图书馆乃供给实验资料之总处。(四)团体参考事务。(五)使用整个图书馆。兹依次论之如后:

(一)教导使用图书馆及参考资料　事分治本治标,治本重于治标,世有定论,不必赘述。在中小学校中,而施以使用图书馆及参考资料方法之教导,即治本之法也。由斯养成其自助之能力,及良好之习惯,终身赖之,获益良多。故美国中小学校当局,颇多重视此事者,可知治本之要,中外咸知也。惜我国中小学校当局,对于图书馆一物,尚未十分注意,故设立图书馆者,颇为寥寥,即设立,亦系应景之事,有无既属两可,管理岂能得当?参考事务,乃更进一步之事,谁更顾及?至于教导使用图书馆及参考资料一事,则尤为梦想不及者矣!误害学子良非浅,鲜愿学校当局速醒焉。

凡中小学校之增图书馆及参考资料使用法一门者,其学生之使用图书馆及参考资料者,亦必较多,盖多为实习所学者也。使用之时或自行使用,或稍借助于图书馆职员不定。总而言之,专门图书馆,代参考者行一切参考事务;公共图书馆及大学图书馆,代行大半参考事务;而中小学图书馆则鼓励并希望其学生自行一切参考事务,目的原为养成其自助之能力也。

(二)图书馆与学校事务之关系 中小学校图书馆,普通多为学校课程及教室事务之一部,故与教员学生接触之机会,亦较大图书馆为多。例如学生之使用图书馆,概为表列必修之课程,图书馆之一切作为,亦通系规定例行之事务,他如各种计画会议等,复多在图书馆中举行。由此可见图书馆与学校事务之关系,诚甚密切也。然亦因此而生弊端焉,学生之使用图书馆,既为学校所强迫,图书馆则难免演成读书室性质,此颇违乎图书馆之原意。倪藤女士(Miss A. T. Eaton)谓学校图书馆者,乃使用参考书籍及杂志,阅读消遣书籍及杂志,及探讨指定课外读物之处也,非读习教科书之处也。不然则失却图书馆之特殊教育及文化价值。且为馆长者,亦无兼为读书室监督之力;如必须兼之,则其心力与时间,显然亦须耗费于学校事务上,而不能聚精会神专事参考事务之处理,斯诚可惜者也。故有人谓中小学校图书馆馆长,例须仰承校长之意旨,不得独断独行,致图书馆之参考事务,不能尽量发展。此固经验之谈,然亦视馆长之能力如何也。虽须遵从校长之支配,然苟能措置得当,参考事务又焉知不能发展哉?

(三)图书馆乃供给实验资料之总处 教育制度,渐趋实验,因此颇增图书馆服务学生之机会。良以实验必须资料,资料必须管理。能供精当资料,而管理得宜者,舍图书馆及馆长其谁能之?

故学生多谓图书馆及馆长,乃学生之"多宝箱"也。

(四)团体参考事务 宗旨无分大小,事务不辨巨细,凡以为有共同研究互相切磋之必要者,莫不结合同志而讨论之。于是团体之组织,随日月而增繁,一校之中,恒有逾十者焉,比及团体日大,事务日繁,复分而析小,为若干小团体。若此则团体之蕃殖,诚有不可限量者矣。组织团体者,或为教员或为学生或为二者合组不等,但其需要参考资料之急切则一也。他种图书馆之服务团体,或不能周遍;而学校图书馆,则必须服务学校中一切团体也。由此可见参考事务之特殊矣。

(五)使用整个图书馆 专门图书馆,藏书重选择,而不重积聚。换言之,即书不在多,而在精。中小学校图书馆亦然,此二者相同之处也。故其馆籍,恒非浩博而易于接近,学生苟获相当之图书馆学训练,则整个图书馆之使用,亦非难事。然亦因此往往感觉书藏之缺乏,而不得不借助于其他图书馆者,于是图书馆之参考事务,遂乃增加,如介绍其他图书馆也,代求参考资料也等等事务,常不可免。然此亦分所当然,良以为学校图书馆馆长者,不仅须使学生尽量利用其自有之图书馆,又须使其于毕业后尽量利用其他图书馆也。

三　专门图书馆

甲　专门图书馆之种类

我国专门图书馆,虽尚寥寥,然因时代趋势,或亦不难日繁。其种类则可以后列三法分之:

(一)依所有权及管理权分

1. 公款或公捐资助之图书馆,例如:地方参考图书馆,国立法学或史学图书馆,及其他特殊收藏等皆是。

2. 会社图书馆,例如:仅供会员使用之会社图书馆,地方律师公会或医士公会图书馆等皆是。

3. 商界独有之图书馆,商务繁盛之区,大营业多自设图书馆,其最习见者,则为银行图书馆。报馆图书馆,公司图书馆及商店图书馆,此等图书馆概专供其职员之用。

(二)依事务之性质分

1. 参考及研究图书馆。专门图书馆中,以此类为最普通,用之者概为某一会社或职业之人员,或某一商店或公司之专门职员。外界学者,虽往往亦可用之,第因其界线颇清,故多裹足不前。

2. 福利图书馆,供本界一切人士之用,与公共图书馆之服务全社会者,颇相类似。往往参考图书馆及福利图书馆,均属于某一商店,此种商店,定必规模宏大,宗旨高尚,专门需要。虽常为本地公共图书馆所应付,然福利图书馆之增加,显然有不可遏止之趋势。

(三)依种类分　种类至为繁博,例如:儿童有儿童之专馆,各科有各科之专馆,诚难枚举。

乙　与他种图书馆之异同

总而言之,专门图书馆,即参考图书馆也。故讨论其参考事务,不啻讨论其本身,于兹乃有与他种图书馆互相比较之必要,俾能了解其特质。

就其名实最相符者而论,专门图书馆之事务,概多为参考事务,或悉系参考事务。而公共图书馆者,则除参考事务以外,复有流通及展览等事,乃极繁重者也。至于学校图书馆,其事务则颇似专门图书馆。普通参考图书馆之事务,则除与专门图书馆相同外,复负保藏参考资料,以备来日使用之责任。凡兹数种,图书馆其参考事务,大不同者,则概可互相利用也。

丙　参考事务

专门图书馆,除福利一种外,概为便于参考及研究而设,若夫流通一事则颇罕少或不无之,然非系馆内杂志等之传阅,即为与他馆相互之借书,较之参考与研究二事,则概相差颇远。

专门图书馆(特指商务图书馆),多不广事搜罗与保藏,即与本馆有关之书籍亦然。永久保藏一事,虽亦有相当之计画,但实行者颇少,甚至重要书籍之购置,亦以暂时之保藏及用途为前提,盖因专门图书馆之参考事务,泰半关系临时发生之问题,故只顾目前,亦无不可也。近日专门图书馆,多本斯旨,而不保存资料以供来日之用;或有少事典藏者但皆系昔日曾有大用之书籍,是故观瞻不雅,排列不便,破旧残缺图书,多不装钉,以用不数月或数年,即行用尽,或便被掷弃也。有人谓专门图书馆之书藏,较他种图书馆特为流动,以有时搜罗虽富,但一经使用非完全毁损,即移作他用或仍归原藏,转变之速,莫此为甚,诚哉斯言也。职此之故,一般专门图书馆,多依赖伟大图书馆,以获得其所需要之资料,是诚极经济之办法也。

观乎上述,可知专门图书馆事务之性质与方法,实极繁芜,而不易明了,及与以确切之论述,故迄今尚乏固定之准则,至于将来能否造一准则,以便各图书馆之遵循,是在图书馆家之努力与否也。兹本卓著之专门图书馆而论其共同具有之参考事务特质,此种特质,大异于他种图书馆。故颇值吾人之注意与研究。

特质共有七种:(一)阅者稀少且固定;(二)无须训练阅者;(三)电话咨询;(四)极集中而专门之资料;(五)剪片之重要及精细之整理;(六)提要及翻译;(七)考查及研究。在讨论此七项之先,应预述者,即三种参考事务(检寻事实,搜索资料及襄助研究),均行之于专门图书馆。此种图书馆往往为银行或商行研究部之一部,或行政上犹如研究部之一部,则成一部,单独管理,虽往往较为完善,但无论如何,图书馆则例不自行举办研究事务也。如统计之研究调查报告及精深之考查等,则概为他部之责任,但图书馆当然亦须与之合作。如搜辑及供给资料,建议考查之门径,编制目录,汇编及缮写等事,则悉为图书馆之职责,虽有偶尔担任一部考查事务者,然此乃例外情形也。

（一）阅者稀少且固定　专门图书馆,多似家庭图书馆,而少类社会图书馆。故其设也,无非专供本组织人员之用,初无他意也。虽亦有允许外界人士之使用,并愿答覆其咨询者,但外界人士则多裹足不前。盖因此种图书馆,表面上虽系公开,而实际上则终属私有者也。固亦偶有用之者,此等人士如系有权威者,专门图书馆必愿竭力服务之,于是就性质情形及价值上言,此种参考事务,犹如大学之仅服务教授者然。盖极精深之参考事务也,再专门图书馆之阅者,必有极少之时,该时为馆长者,宜以巧妙之法而使用其增加。

（二）无须训练阅者　除私有图书馆以外,他种图书馆概莫不致力于阅者之训练,以图一切阅者均能自恃己力,而无须他人之帮助。但专门图书馆,则无须此种事务,盖因阅者既多系专家,当有自助之能力,而图书馆之职员,复为被雇以代行搜索及供给资料者。故往往问题之咨询,或以电话,或以便笺,咨询者多不亲身来馆,而自行寻觅也。即亲身来馆,又多自高身价,不肯自劳其力,问题交与职员便坐以待之。其视职员也,无非仆役耳。为职员者,既支人之薪金,安敢违人之意,惟有遵命行事而已,何敢教以自助之法哉?是故答覆问题,犹如编制报告,所有精力,惟有施之于搜索探讨等事而已。须注意者,就研究而言,此仍系襄助研究而非自行研究也。

（三）电话咨询　特备电话便人咨询,乃精进之设施也。欧美各国,物质昌明,图书馆早已广置无遗,除设一总电话外,甚至一部一组亦多各自装置。若夫参考部,则尤为不可缺者,其便利参考固非楮墨所易形容者也。但我国则尚少此种设施,原因固不外物质尚未发达也。电话咨询一事,在欧美公共图书馆参考事务中,亦极重要,并经目为特点,余以为参考部虽不可不备电话,但咨询问题,则应加以限制,不可恣惠之及一任民众之便,不然图书馆之规模虽大,职员虽多,亦必有应答难周之时。盖因公共图书馆之参考者,殊较他种图书馆为繁杂也。应答不周,弊端必生,如此则违乎原始之用意矣。学校图书馆,则相距咫尺,固无须电话之设置。即或设置,然亦非供学生咨询参考问题之用也。其最需要电话者,要惟专门图书馆。良以专门图书馆之阅者,泰半为物主,而图书馆职员则其所雇者也,使之命之固不越权。而好逸恶劳,人之恒情。需要电话之急切,固极显明也。据美国商务图书馆之报告,电话咨询之问题,占一切问题总数百分之五十至九十,可见电话在专门图书馆参考事务中之重要矣。

电话咨询之问题,概为急切者。而咨询者,复多为图书馆之主要人士,故问题之答覆,往往急不容缓。掌斯事者,如具渊博之学识,丰富之经验,流利之口齿,敏捷之脑筋,和蔼之态度,高尚之人格,此等火急之请求,固能立时答覆良多。但因仓卒之故,同时亦有数种弊端:第一易生错误(特别关于统计事项),第二难得精彻,第三记载不便。有此数种弊端,故往往以告知咨询者此种弊端,而定一时间答覆之,或请咨询者来馆为佳,如此则可获得较优之结果也。苟咨询者必愿立得答覆,则须即时量力答覆之,否则不可令咨询者手持电话等候也。除此之外,尚有宜注意者数事:(一)司此事者,以专员为最佳。(二)非短时间所能答覆之问题,最好不以电话答之,或以函答,或请咨询者来馆均可,然亦须斟酌情形办理。(三)如请咨询者来馆时,必须声明所需之资料,至时必为之准备妥当,以待其使用。(四)不可恃己之记忆与学识,而妄加判断与批评,一切答覆,必须咸有根据,然后咨询者方乐于接受也。

利用电话除图书馆应有相当之训练外,咨询者亦宜稍具粗浅之知识,如此则双方均可获益也。至低限度,图书馆必须使阅者明了下列五事:

1. 设非紧急问题,请预先以电话告知,叙明所需要之资料,及来馆之时间。

2. 咨询之事必须确切详明,以便图书馆供献迅速而适当之答覆。

3. 请与图书馆以充分之时间,以便寻求答覆之资料。例如:在下午五点五十分时,如闭馆时间为下午六点时以电话询问请勿云"凡贵馆所有关于倭奴侵华之材料,鄙人均愿立得之。"

4. 以电话咨询时,请告知阁下之姓名住址及电话号码,以便图书馆于必要时用之。

5. 如遣人来馆索取资料,请书明阁下之姓名住址,并与来人以充分之时间,以便候等答覆。须切记者,阁下所需要之资料,未必紧在手下也。最好事先以电话告知,然后再遣人来馆,如此则资料便可立即持归矣。

(四)极集中而专门之资料　专门图书馆图书典籍之搜集,虽非绝对简易之事,然其范围则究属明确。本其范围而搜集资料,虽不能完全适当,然较之普通图书馆,则便利良多矣。所寻之资料,概为与图书馆有关学科之卓著者,或正在流行者,或已获称誉者不等。此等资料,往往仅昙花一现,而不能由商家购之,然如因时以求之,亦未见何困难也。于是可见专门图书馆藏书之目的,乃为搜罗与本馆有密切关系之重要资料,而与以相当之管理,以便本馆阅者之利用也。然因其搜集资料限制过严,往往亦有不足应付阅者,而必须借助其他图书馆之时,是即繁重参考事务之背景也。

虽然专门图书馆,亟须置备之资料,亦有颇不易得者焉,此种资料为何? 即未经刊印之研究试验会议通信等结果也。此等资料,或为油印或为打印或为手抄或为原函或为记录,颇不一致,但均甚有用,惟其采访颇为困难,匪惟出处难知,即已知其出处,而又多秘而不宣者。是则专视图书馆之能力如何也。

营业通讯社资料,对于专门图书馆,极为有用,故均乐购之。对于公共图书馆,虽亦有用,第因阅者之需要过于复杂,往往非公共图书馆之财力所克应付。故凡有专门图书馆之处,公共图书馆则多不购之,否则酌量选购之,有谓公共图书馆需用此等资料时,该馆即变为专门图书馆矣。由是可见专门图书馆之资料,概颇集中而专门也。再者此等资料,必须与以适当之管理,以便利用,否则颇易散乱也。

(五)剪片之重要及精细之整理　除关于谱系及本地史乘之剪片外,他种剪片,普通图书馆用之者颇少,即有用之,亦系偶然之事。盖多怀疑此种资料之功用,是否可与所费之心力相抵也。然在专门图书馆中,则占颇重要之位置,盖因专门图书馆之主要心力,即为使一切资料均能切合时用,故其资料之价值,紧随时日而转移。昨日所收者,或不能适合于今日;而今日所采者,或不能用之于明日。于是可见剪片之便于利用,在专门图书馆中,固莫有甚焉者矣。剪片之论述,恒有矛盾之时,故须加以审查。

美国电话电报公司,例在六家剪裁局订购此种资料,每月剪裁四百种杂志,每晨剪裁八种,纽约城日刊双份十人掌剪裁。粘贴编目序列等事搜辑剪片之事,发轫于一九○二年,逮及一九二五年,共积五十余万剪片,且未经清除,每片均备双份,贮藏于序列箱中,排比之法则有二种:一按"标题字顺",一依"地理十进"。二种排比,各具目录,其最重要之资料,往往剪裁三四份以便使用。

亦有图书馆,照例剪裁数种报章及营业杂志者。此种剪片,或交与某部主任,或送给某部馆员不等。在此种情形之下,主任或馆员,则有自由处置之权,故概不仍归图书馆,图书馆亦不备剪片箱也。

有时将剪片暂置于便夹或封套中,亦不粘贴,仅分类按字顺排比而已,过不数月,即清除一次,择其有永久价值者,粘贴之并往往转存于总序列箱中,余者则销毁之。

美国标准统计公司之图书馆,以十二馆员专司读阅标记剪裁粘贴之事,共同二百余种报章,凡关于铁道及公司之财政,及投资,新闻罔不搜罗,剪片之博,更仆难数。剪片悉以弹背活页夹盛之,排比亦有专人,其法系按公司之名称,溯其搜罗之历史,于兹盖已念余载矣。所括之公司，不下数十余万家，剪片之使用，每日平均三百次，用之者则为统计研究及咨询等部。据一九二五年之统计，该年七万三千次电话咨询，即系本此种收藏以答之，可见剪片用途之广矣。

请凡上例，皆为表示剪片在专门图书馆中之价值及整理，以便参考之用，上为其所耗费之金钱与时力，于是可见剪片价值之高，及功用之大矣。剪片在普通图书馆中，不便使用之故，盖因阅者之需要过于广泛，如广事搜罗，则大不经济，故仅可在特别情形之下，斟酌置备少许（恒系关于本地之题目）。但专门图书馆之范围及阅者，则颇易明了与应付阅者之需要，概颇确切例不出一定之界限，非若普通图书馆阅者需要之偶然不定，急缓无常，出没莫测，故剪片之采集，颇极容易也。

（六）提要及翻译 一切专门图书馆，莫不重视现行之杂志，原因不外一般化学室之研究职员杂志之编辑工厂之头目或监督等，均愿图书馆时时为其介绍有关之新颖书籍与材料也。各地官员、立法者及议员，平时虽不希望及要求此种服务，但一经贡献，亦颇乐受。职此之由，一般参考主任，多颇致力于新书及新杂志之搜求，详细审查之，以求适当之资料。寻得之后，即通知有关之阅者，并为一切书籍或材料撰提要，甚或代译外国著述。专门图书馆按例送日刊或周刊与希望此种服务之人士者，亦颇多，此种日刊或周刊中，所列之新书及论文，不仅加以标志并为之提示焉。

（七）考查及研究 商业组织之既立图书馆，复事考查及研究等事者，亦颇繁夥。例如：研究部也，统计部也，报告部也，宣传部也，等皆为考查及研究事务而设。此种商业研究，晚近大为发达，观夫商务图书馆之蓄生，可知之矣。研究部概皆专赖图书馆以得研究之资料，建议及门径，故图书馆职员，应极明了公司之事务，及研究职员之目的，是以大半参考事务，即系应付此种需要也。聘请专家掌司斯事，最为适当，第专家多不谙书目及参考工具为可惜耳。

参考图书馆之职务,切实言之无非襄助研究者,并非代行研究者之事务也。然在实际上,多有代行少许者,尤有完全代行者。例如编制统计及其他报告也,考查也,研究也,是则越乎图书馆正当职务之范围矣,然此乃特别情形以例外视之可也。

丁　与其他图书馆之关系

专门图书馆,固有规模极大收藏颇富者,例如美国华盛顿之陆军医学图书馆,及纽约城之律师公会图书馆,但大多数之专门图书馆,其范围与书藏,则颇有限而须借助于其他图书馆,以补充其参考资料。在图书馆繁盛之区,此法极可施行,故有人谓图书馆可不藏一书,但记其他图书馆之书籍,(即备一联合目录)并与之商妥最简便最优惠之借书条件,以便其阅者之利用。此说表面似颇滑稽,然在实际上则确能实现也。于参考事务上,专门图书馆不仅须赖浩博之书藏,亦宜施行图书馆互助之法,例如馆长会议群策进行也,合出刊物促进互助也,等等方法不一而足,概皆有莫大之裨益。美国专门图书馆协会,颇致力于斯事,甚望我国专门图书馆,有以效之,如是则光明之现必不远矣。

参考行政第三

无论何种机关,无论何种组织,莫不以行政一事为极重要问题。于建设之先,苟不详细规定其方针,于成立之后,苟不谨慎施行其计画,则诸事掣肘,工作上难获顺利。犹之一种机器,苟无全部坚固精巧之机件,即或有之而装置不得其法,则该机器之动作必难灵活,效力必难伟大,此乃显明之理,人无不知也。图书馆之参考事务,虽为图书馆行政中之一部分,然亦不能成为例外,匪惟不能成为例外,且尤须加以特别缜密之研究,然后方可施行。如此则参考书籍之搜集与致用,参考事务之分配与施行,始可各得其当,因之成绩亦必伟著,以参考行政乃图书馆中最具意义最有价值之事也。况吾国图书馆之设参考部者殊嫌寥寥,即或设之亦属试办性质,既乏经验,斯赖研究,故吾国图书馆之有志斯事者,特宜注意及之。

参考部三之一

美国图书馆除规模极小不便分部者外,概莫不有参考部之设立,亦莫不惟参考部之是重。推其原因,不外参考部之事务较诸他部多具意义与价值而已。何以言之,兹举三例以证明之。三例为何,即书藏阅者及图书馆之名誉是也。夫图书馆中之部组,其与社会有直接关系者,厥惟流通与参考二部。流通部所能贡献于社会者,无非本固定明确之需要而机械式的出纳书籍而已。至于书籍之隐蓄功用,则概不欲以探索之功夫而显露之,然是亦因职务与能力所限,不宜过事非难也。若夫参考部则迥异流通部,其使命原为代阅者解决一切困难,故除供应明确之需要外,尚须自莫须有中而求获书籍功之用。由是可见流通部之事务概为被动的,而参考部之事务则概为自动的,因其自动也,故书籍之乎隐蓄功用,乃可曝露于人前。换言之,即参考部可增大书藏之效用也。流通部与参考部之职务已如上述,则阅者所能希冀于流通部者,自难外乎出纳之事。即偶有外此之请求,其所能获得者,亦不过肤浅之答覆。至于其依赖于参考部者,则罔不包容,小而查寻一事一物,大而著述研究。盖凡有困难,莫不思借助其力以解决之,此参考部较流通部之有功于阅者之点也。观乎上述,可知图书馆之效用伟大与否,多因参考部之贡献于社会者如何为转移。贡献伟大,则效用亦伟大,贡献微小,则效用亦微小。效用即名誉,是即图书馆多注意参考部之设立与工作之原因,有此三例,可知参考部在图书馆中之价值矣。惜吾国图书馆除规模极大偶有增辟此部者外,其中等与极小者则概仍付阙如。似此一举数得之美事,而竟漠视无睹,诚有碍乎图书馆事业之发展。甚望各图书馆从速增辟之,勿使美国专美于前也。本章节目如下:

1. 组织
2. 行政职务及方针
3. 职员
4. 治理书籍
5. 编理书目
6. 与他部联络事宜

组织

图书馆之规模不同,故其内部之组织亦异。规模极小者,概无分部之必要,亦无分部之可能,故其一切职务,概系以一切职员担任之。换言之,即每一职员,均负有完成一切职务之责任。规模中等者,亦恒有不分部者,故作者所欲讨论者,乃规模极大例系分部工作之图书馆,其不分部者,自不在内也。

就组织上论,分部之图书馆,其参考事务之管理亦有不同。其最显著之方法概有三种:即参考部与流通部合并,立一总参考部,设立多种专门参考部。兹分别论之如后:

a. 参考部与流通部合并　或为节省经费,或为行政便利,或因不明参考部之重要,往往使参考与流通二部合而为一。或竟无合并之事实与蓄意,然在实际上,流通部则兼司参考之职务,其二部显然合并者。例如美国 Berkeley 图书馆之统称参考与流通二部为阅者部(Readers' Department)。Sioux City 图书馆之合参考与流通部为成人部(Adult Department)。Muskegon 图书馆置参考与流通二部于一室,实际上亦系合并之举。Cleveland 则合参考与流通二部为一总部,而此一总部复按书藏之类别分为若干专门部,每部兼掌出纳及参考之事,故亦可谓之专门参考部(详见专门参考部)。至于我国图书馆,除已有专辟总参考部者外,概系以流通部而兼司参考部之职务。既不特立专部,复无显明合并之事实,则其参考事务,自难期其完善。他如学校图书馆,及专门图书馆,就实际上言,实系参考图书馆。故其参考与流通事务,率多合并管理,此乃特殊情形,不可与公共图书馆相提并论也。

b. 总参考部　参考部之历史,为时并非久远,然其重要则已普及全球。故凡规模宏大能力可及而志在发展之图书馆,莫不争先设立之。辟专部,营设备,聘职员,购书籍,虽耗费至巨,亦在所不计。以有专部方可专心致志,聚精会神而专于斯事,夫然后成绩方易臻乎伟大。是以各国图书馆之设立总参考部者较多也。

此一专部职司一切阅读答问及研究之事。因其所掌管之事务过繁,故有人建议(Dr. Richardson : The Reference Department. (Manual of Library Economy, no. 22)(A. L. A., 1911)此部之下复分为四组:(一)监察组(书籍及阅者);(二)咨询组(帮助及指导使用图书馆);(三)目录组;(四)研究组。第此种建议,非极大图书馆不易采纳。

c. 专门参考部 近代学术及印刷术并极昌明,故图书馆之书藏往往动辄数十万卷。若只立一总参考部,则所能贡献于社会者自难处处精到。以一部之精力有限,而学术之门类无穷,自难精通一切。若按书藏之门类而聘请专家若干人以司参考之事,则匪惟事实上不易办到,即行政与管理上亦难着手。是以专门参考部之设立日见其多。专门参考部之意义,即按图书馆所藏书籍之体制分为若干门类,复按门类分为若干部组,每一部组各居一室。举凡参考书籍流通书籍,杂志报章等之属于该类者完全置于该室中。复各有目录,书架目录,及一切必需之设备及用具。至于职员,亦系各部有各部之职员,各治其部职守分明。每部之主任,多系以专家担任,其他职员,亦须经过相当专门之训练,复加以日后实际工作之经验,亦可渐成该部之专门人材,而可与社会以迅速而精到之服务。书籍之庋藏,多系公开式。故阅者一入某部,便可见一切资料,均在目前。如欲参考或研究,则除舒适之设备及完全之资料外,复有该部之专家及干练之助手供其咨询。如只欲将书借回家用,则该部亦兼司该部出纳之事,其便于阅者诚莫大焉。除按书籍之门类分部以外,尚须设一普通参考部。此部之职务有三:(一)指引阅者于适当之专门部组。(二)代阅者答覆普通及包括数部之问题。因此种问题,如一一指引阅者于各专部,则其所获之材料,必颇零散,且必不堪其烦,不如普通参考部代其由各部中搜集为愈也。(三)供给专门部普通材料,以便其答覆在专门部咨询之阅者。观乎上述可知普通参考在图书馆中,诚如一切专门参考部之关键也。其职员有"总参考部"者,必须对于各部之书藏均有相当之认识,并须明了各部之参考妙诀及手续。此部之书藏概系不便置于任何专者,如普通参考书籍会社记录及报告等。故阅者如不明参考方法,及馆中之组织,往往须经过此部然后始可达其目的。

图书馆之有总参考部者,亦往往有增辟一种或数种专门参考部者,其原因约有后列五种:

(一)图书馆特别注重某类书籍,并已获其全部,或尚未获其全部,然拟渐次搜集之。在此种情形之下,往往使其专成一部,以增大其功用,并示珍护之意。

(二)因环境之需要,往往别辟专部以应之。如实业区之别辟实业专部,教育区之特立教育专部等是也。

(三)捐赠与寄存　藏书家恒有将其全部书藏捐赠或寄存于图书馆者。图书馆为纪念其盛意,或为表示珍惜保存起见,往往将辟专室以藏之,而不与本馆书藏混置一处。亦有捐赠巨款者,图书馆受其恩惠为志不忘计,亦常有专门室部之设立。亦每有捐赠书籍或款项而自行要求别立专部者。

(四)纪念　为纪念某人或某事,亦常有专门参考部之设立。

(五)经费充足　图书馆亦有因经费充足而增辟专门参考部者。盖以此种设施乃极正当之用途欤。

专门参考部之行政系统概有两种:(一)一切参考部均归馆长直辖。(二)专门参考部直辖于普通参考部。换言之,即各自管理与共同管理二种。

d. 咨询处　图书馆多有设咨询处者,此处或属于流通部(一般图书馆概系如此),或属于参考部(如 New York, Reference Department),或属于参考及流通二部(如 Berkeley 图书馆),或自成一部(如 San Francisco 图书馆),或与他部联合而共成一部(如

Boston 图书馆之官书室、非小说室及咨询处三者共同工作）。其职务据美国之调查约有三种：（一）答覆关于本馆之普通咨询，其他问题则请其他相宜部组应付之。（二）顾问职务。如帮助阅者使用目录，寻觅所需之书籍，及建议如何选择读物等事。然此等职务，往往因分部之关系而有所变更。如 St. Louis 图书馆之以公开阅览室之职员代阅者建议，如何选择读物，而不以咨询处行之。又如 Indianapolis 图书馆之以阅览助手（Reader's Assistant）管理咨询处，而以阅览顾问（Reader's Adviser）代为建议其他重大之事项是也。（三）简单参考事务。凡问题不须过事搜寻与研究，及不需参考资料而只需流通资料者，咨询处可代答之。亦产有图书馆即稍费手续之问题，亦常以咨询处答覆之。但该问题之答案，必须在流通书籍中，或阅者欲借书家用时，如 Hartford, Salt Lake City, Toledo, Washington 诸图书馆均然。Jersey City 图书馆则以咨询处答覆一切电话及信札之咨询，但多数图书馆之咨询处，凡问题之不能立即以流通书籍或特备之参考书籍答覆者，均转交于参考部。例如 Portland 图书馆，凡问题之能以手下书籍立即答覆者，咨询处即答覆之，否则指引阅者于参考部。其政策原非使咨询处代行一切参考事务，无非令其指引咨询者于适当之部组而已。Los Angeles 图书馆则限制咨询处之职员不得在流通部寻觅材料逾十分钟。

咨询处之书籍，概为参考工具，如索引，书目等。亦偶有增备数种极普通参考书籍者，如年鉴，地方指南，电话簿等。但统而言之，为数殊非繁夥，其备书二三百卷者，已云罕见矣。（见 A. L. A. A Survey of Libraries in the United States. v. 2. p. 108－09）

咨询处之位置宜置于流通部中，或在与流通部参考部及公用目录三者接近之处。美国 Indianapolis, Minneapolis, Kansas City, Washington 诸图书馆均系本此原则。

咨询处之职务或以流通部之职员兼任，或以参考部之职员兼任，或以二部之职员轮流管理，或特备一部职员不等。咨询处之职员,除须完成本处之职务外,复须兼任他种职务。但所兼之职务,必须易于搁置而不致误事者。

e. 参考部之位置 在行政组织上,无论参考部是否与其他部组合并,然其参考室则率与其他部组相隔离。据美国一九二六年之调查,即藏书两万卷以下之图书馆,其报告参考室在位置上不与流通部合并于一处者,竟有百分之四十强。其隔离之法,或在一部中而以他法间隔之,或紧毗连流通部,或别在一层楼上不等。如在一部中或与流通部相毗连时,其距离之远近概视馆舍之大小构造,及监视上之便利而定。如在小图书馆中,其隔离之法,可仅以低矮而可移动之隔板,或矮书架间隔之,以便于管理。如在大图书馆中,则可各占一室而各成完全独立之部分。如系专门参考部(尤其全馆皆系参考部时)其位置之法,最好以最为社会所需要者置于易于接近之处,以门类最有关系者相毗连。并须有各部相连之门户,以便阅览人之穿过,及图书馆职员之巡视。(参见 Library Journal. V. 50:844 – 45)

行政职务及方针

参考部之职务于参考事务一篇内已可窥其全豹,此处不必重述。其所欲论者,乃行政方面之职务及方针。然因图书馆之性质规模及所处之环境多具异同,故本节所论之一切非谓每一图书馆必须采用之,亦不敢云完全适合于一切图书馆。然在参考部之行政上确有不可忽略而须完全或选择加以决定或实行者。所论之事项,有须经图书馆管理委员会决定者,有须经馆长决定或实行者。然一切事项必悉委诸参考部主任,更须与以权宜执行之自由,不如此则不易收优美之效果也。

a. 何种人得享利用参考部之权利 按行政论何种人得享利用图书馆之权利,何种人不得享利用图书馆之权利,当然皆由图书馆管理委员会特别规定。其于公共图书馆流通部中固易划清界限,其于参考部中则不能若是易易。以在实际上诚不便使参考者——注册,或盘诘参考者有否借书证,或是否本地之住户也。参考部之责任无非服务一切来本部参考之人士而已。但参考者如欲借书出馆时,参考部则须由流通部探知参考者之略历声誉及信用。大学图书馆之规章与公共图书馆者又属不同。凡外人之来馆阅书或参考者,必须有人介绍,尤其于使用手稿或善本书籍时介绍尤不可缺少。诸凡上述,皆指参考者亲身到馆时而言,除此而外,复有信札咨询之参考问题,此种问题往往为图书馆增加颇多参考及图书馆互相借书事务。是类参考事务图书馆可按本馆之情形而加以规定及限制。所宜规定及限制者,概不外:(一)在何地以内之人士,本馆可答覆其函件。(二)何种函件本馆可以答覆(如私人函件,图书馆函件,其他机关团体之函件等)抑一概均可答覆。(三)何种材料可以借出。(四)每一函件本馆可与以若干时间以为答覆之用。(五)出借书籍时邮费出自何方,斯皆重要之事也。信札咨询之参考问题,如具有重大价值,经图书馆答覆后所得之代价如可增大图书馆之名誉,或扩广图书馆之宣传,则未始不可积极举办。如问题过于琐碎而乏意义,亦未始不可设法拒绝之,或介绍其他相当机关答覆之,亦无所谓不当也。

b. 对于使用参考部者宜否有所限制 有时在某种情形之下,参考部对使用者不能不有所限制。其例如下:Brookline, Kansas City, Somerville 诸图书馆禁止在参考室中阅览小说,报章,杂志及自带之书籍,以免扰乱其他正式参考者。Kansas City 图书馆之分馆对于学生之使用参考部禁止尤严。因该分馆等紧邻中学校,故多被中学生占据以为其自习室,殊有碍于其他正式参考者也。Denver 图书馆虽亦禁止在参考室中观看小说及非图书馆所有之读物,但参考室如不形拥挤时,则不实行禁止。Detroit, St. Louis, Seatle, Worcester 诸图书馆亦以为此种限制将来或不可免。New York, Reference Department 在大阅览室及专门部之各桌上,均置一布告，大意亦系禁止阅读非馆中之书籍。故阅者入该馆时，其所携带之书籍必须存留在外。如阅者确能证明其所自携之书籍必须与馆中所有之材料参考并用，图书馆则准其携入。此种限制在星期六星期日及放假日行之尤严。其他图书馆因恐学生之扰乱成人参考者，多有为学生别辟一室，或令其在儿童部读阅者。如 New Haven Parmly Billings Memorial Library，Billings，Mont.，Utica 等图书馆是也。上述种种限制，多因图书馆所处之环境而定其有无与宽严，至于其他限制如不许使用电话，不许偷窃书籍，不许携儿童及禽兽入馆，不许喧哗，不许污损书籍等等，最好不以明文而公布于各处。虽然对于此等事项不能不有所限制，然总以不失两方之感情为佳。如能使阅者在馆中处之泰然，是乃图书馆之要务也。

c. 搜集书籍之范围　　无论何种图书馆对于搜集书籍上不可漫无限制，即号称包罗万象之伟大公共图书馆亦应注意及此，故每一图书馆必须有一定之计画与方针。而此种计画与方针又必须书出以免遗忘，虽可随时更改，然更改后对于书籍之购置，捐赠之收受及何种参考事务之偏重，均须有明确肯定之政策。是皆图书馆管理委员会所宜考虑及实行者也。

d. 义务参考事务之限制　　义务参考事务不可绝无限制，而限制复不可无明文，不然于拒绝参考者之请求时，将无言以自白矣。夫义务参考事务之所以宜有限制者，大抵不外下述之原因：有时发生许多问题，参考部如尽量答覆之，则需一日，一星期，一月或更长之时间，请求者恒不加思索亦不为图书馆设想而任意要求之。如请图书馆代为抄一诗歌也，抄一手稿也，抄一故事也，甚至有请代为抄一全书者。他如请图书馆代为编家谱，制书目，翻译撮要，考证研究，及答覆连篇累牍之问题等，是皆系请求者应自为之事。图书馆之光阴极其宝贵，而所服务者又非三五人数十人，何能有此时间与精力而供一二人之驱使。如必欲图书馆代行，则须有相当之报酬也（见下段）。观乎上述，可见困难之所在，乃在于义务参考事务之量的规定。如有时不易规定,则是图书馆以往过于宽大热心及情愿为每一请求者代行一切事务,甘愿自任困难而不注意诱导民众于自助之一途。故义务参考事务之限制,殊不易立一以执百之金科玉律而须各自规定也。然下段之意见亦不无堪供采纳之处。

e. 参考部职员宜否受人之报酬　关于报酬一项,赞成与反对两方均有强有力之理由。其反对者以为服务而收费殊不合乎公共机关之精神与业务,且此举复有减少义务工作之量与质及诱导职员营私舞弊或暗索不当报酬之危险。并以为允许职员担任馆外职务实非图书馆之善政,甚有以此举为不合伦理者。然亦有赞成在紧急时或在非图书馆代办不可时,允许职员担任此事者,但绝不可含鼓励职员兼任此事之意。复有赞成图书馆将本地目录学家名单,翻译家名单,谱系家名单等寄送于咨询者以便其择聘者。以一恐有违图书馆之政策,二恐图书馆之能力不及专家也。其赞成斯举者,则谓斯举对于请求者极为便利。以图书馆职员所能贡献于社会人士者,照以往之成绩而言,例较外界人士为美满。且此举亦可与职员以深造之机会,而养成其专门之技能。于请求者,于职员,于图书馆均有利益,一举三得何乐而弗为。虽然亦不可无相当之限制,例如时间则须在办公时间以外,职员则须择其确有能力者(馆中如无适当之人材则仍须请馆外人代办)。至于其他细情,参考部主任均须加以考虑,因此事与图书馆之名誉实有密切之关系也。

f. 统计　一般参考部率皆记载过详,如保留书籍之次数及卷数,所编书目之数目,所备之馆刊,所发之书库允许证,图书馆互相借用之书籍及其数目,来往函件,代会社拟制之计画书,所制之剪片,索引之报章展览目录等。此类统计是否可与所费之心力及光阴出入相抵,殊为疑问。

正当统计概有三项:(一)参考问题,(二)参考人数,(三)参考室中所用之书籍。第一项最为重要,且为多数图书馆所实行。然如将参考问题复按电话、信札及其他方法咨询者分类记载,则其用途是否广大,亦属不易断定。即只存问题而无统计记载亦未始不可。至于参考人数及在参考室中所用之书籍,于统计上殊难得完全准确之数目,故只好记其大概之数目而已。

保存参考问题统计之法不一而足,其较优者厥惟分类保存一法。其利益概有下列四种:(一)观以往之统计犹如观个人以往之事迹。(二)由以往之统计可以知昔日社会之状况。(三)本以往之统计可以定将来搜集书籍之范围。(四)由以往之统计可以考职员之成绩。此不过其显著者而已,其他利益诚难枚举也。

g. 宣传 宣传一事,在公共图书馆中较在他种图书馆中尤为重要。以他种图书馆之鼓励使用书籍,或以讲义,或以课程(学校图书馆),或以日常发生之问题(专门图书馆),概皆顺其自然之业务而无须特别努力于斯途也。公共图书馆所服务者,乃全社会自不易与人人均有固定之关系,故宣传一事,通不可免,此事以参考部行之为最宜。宣传之法甚为繁夥,粗举之,概有五种:(一)多备参考工具。(二)以最完善之方法整理书籍。(三)演讲。(四)展览。(五)文字宣传。前两种又可谓之消极的宣传,后三种又可谓之积极的宣传,总之,最佳之宣传,即完善之参考事务。以满意之阅者,即图书馆最有力之宣传工具也。

h. 开放时间 据一九二六年美国之调查,在藏书不及两万卷之七百三十公共图书馆中百分之十,其参考部之开放时间除星期日外每日为上午九时至下午九时。百分之二十弱每日为十一小时。其余者,则每周开放两小时至四十二小时不等。有每日午后及晚间开放者,有每晨及午后开放者,有除每晨及午后开放外,复择晚间开放者。但大多数则仅在每周内某日某时开放。其较大之公共图书馆主要成人部开放之时间百分之六十余系上午九时至下九时。故藏书两万卷至五万卷之公共图书馆不过只有少数拟缩短其开放时间。而藏书十万卷以上者其参考部每日之开放时间则未有少于十二小时者。

夏季参考部开放之时间与平日则颇有出入。例如：Brookline图书馆之参考部平日晚九时关闭，但在七八两月中则提前三小时关闭（星期三及星期六除外）。Pratt Institute Free Library 在八月中则提前三时半（星期五除外）。缩短时间之方法概视其平日开放之时间为转移，然大多数则系将晚间关闭之时间提前。

星期日参考部开放之时间概系在下午，或两小时或三小时或四小时不等。大抵大图书馆开放之时间较长。然亦有完全不开放者，及照平日开放者。

纪念日参考部开放时间尤不一致。有完全不开放者，亦有照常开放者，有择时间开放者，亦有择纪念日之轻重而定开放与否者。其择时间开放者，则概系在下午或晚间。

职员

参考部职员之聘任及其人数悉视图书馆之大小及参考部之组织为转移。其有总参考部者，则概别有一部参考职员。其以参考部与流通部合并者，其职员亦多系合并（或只一主任或两部各有一主任不等）。其有专门参考部者，则通系各部有各部之职员，然亦偶有以他部之职员兼之者。其无参考部者，则恒以流通部之职员兼司参考之职务。其不分部之图书馆，则每一职员均负有完成参考事务之责任。职员之分配大抵如是。然在实际工作上，其职务之界限则多不若是之清楚。总参考部之职员亦有兼司他部之职务者，他部之职员亦有帮助总参考部者。参考与流通二部之共有职员在行政上虽系一体，然在工作上亦有各司其事者。专门参考部之职员其职务则多不固定。其无参考部之图书馆亦有不以流通部之职员兼司参考之事务，而以他部兼司者。其不分部之图书馆，亦有特派一人或数人专掌参考之事者。图书馆之组织与环境异同颇多,殊不易有一定之标准。

a. 聘任及补充　参考部职员之聘任及补充,就职权上论,当然应由馆长作主及执行。然在实际上则多系由参考部主任举荐或馆长征询参考部主任之意见后方始聘任。此种办法极为适当,以馆长之明了参考部及所宜聘任之职员,当然不若该部熟悉之深。

b. 职员之分配　此种职务自系属诸参考部主任,分配职员一事在表面上似不甚难,然在实际上则诚非易易。以分配不当则有碍事务之进展,于阅者于图书馆均有莫大之损害。故参考部主任须有知人之明,及衡较职务重轻之能力,非可敷衍了事也。

c. 例行公事　参考部之例行公事约有下列十种:

(一)记载每日之统计。

(二)清理公事桌及文件箱——预备及安插新材料,检弃旧材料等事。

(三)编制书目索引杂志及报章。

(四)查视保留之书籍,书桌及个人研究室等——苟不日日查视,必有纷乱之虞。

(五)预备宣传品——如馆刊,展览,印刷品,广告,标语等。

(六)储备充足之表格,文具,及其他用品。

(七)索引及安插关于参考事务之函件,尤须注意业经答覆之问题。

(八)注意日常工作表——宜有专人负监督之责,工作表如有变更须报告此人。

(九)为馆长编制报告及其他刊物。

(十)检寻营业及非营业目录以便选择参考书籍。

例行公事之分派于职员,并非固定一月一变。如有必要一周一变一日一变亦无不可,概视各该参考部之情形而定。最好于改变时列成一表,以便职员易于遵循。此举对于新入参考部之职员裨益尤多。再参考部主任亦应存其全份,以便视察各人之工作如何。

　　d. 合作　　无论何种机关与团体,其职员绝不可如一盘散沙,必须一心一德群策群力共谋发展,然后方可收伟大之效果。故大而整个图书馆,小而一部一组皆须如此。Cleveland 图书馆馆长每周或二周必与各部主任聚会一次,其各部主任亦与各该部之职员常常聚会,此举即图谋合作之一例也。

　　e. 设备　　参考部主任必须负本部一切设备上之责任。如空气必须流通也,温度必须适宜也,光线必须充足也,工作表必须合理化也,器具必须舒适也,及工作上之一切附属用品也均不可忽略。再此等事务繁杂异常,故参考部主任必须机警而有忍耐力。至于本部职员每日之工作时间,额外之工作时间,假期纪念日等之分配,乃整个图书馆之职务。然参考部主任有时亦可参加意见。总以有益于图书馆之工作,同时亦不过违职员之意向为宜(特指假期内)。

　　f. 参考部提高职员程度问题　　提高职员之程度固系佳事,第其困难殊属繁多,故在事实上恒难得良好之结果。溯其原因,概不外下述各点:参考部之事务通颇繁重,职员于公毕之后,已大感精力之疲乏,故督催职员自修以求深造一事,是否有益可行,实系问题。且每日之工作亦系一种持续不断之练习,额外之正式自修诚有减低其每日工作效率之可能。他部之职员或可行之,惟参考部之职员则不易行之。苟免强行之,于图书馆于个人必皆无益,或有损亦未可知。但在事实上小图书馆亦不鲜督催及鼓励职员私下自修者,亦有暗以升迁之举为鼓励职员自修者,但其结果则均不若理想之美满。故半途而废,灰心中辍者比比皆是也。鄙意人之求进端赖自身,苟自身系自甘暴弃者流,虽督催亦属无益。反而言之,其自强不息者,虽不督催亦可猛进。故自修一事,图书馆仅可尽诱导之责任,职员听从与否听之而已。然不可因其不遵诱导而疾视之。

116

除正式督催职员在公毕自修以外,在办公时间内亦未始无提高职员程度之方法,其最普通者,如检查新书及现行杂志是也。故有图书馆于新书到馆后,按每周内固定之日期与时间陈列于固之处所,以便职员之观览者。在此种情形之下,参考部职员尤应特别与新书接近,如有可能,则以将新书定陈列于参考部中为尤佳。如此,则参考部之职员于公余之暇即可随时翻阅也。参考部之职员尤应特别注意于优良之书评,并宜为杂志中之书评编制索引,以便其他职员之利用。有时参考主任与其职员以书名而令其寻查该书之内容并作报告者。更有令职各寻所嗜之读物,以使其明了本馆之特长或增长其个人之学识者。斯皆可斟酌情形举办之事也。

缺乏经验且系新进参考部之职员,多耻于问人及请求同事之帮助。故其所查寻之材料,或不能寻得之材料,往往为昔日业已寻得者。参考部主任对于此类职员宜鼓励之,使其自己检查其工作是否所寻得之材料乃最适当者,如能将每日答覆之问题完全检阅一遍,则于伊尤有利益。

治理书籍

a. 参考书籍之位置　参考书籍之位置,即参考部与流通部同居一室者亦颇少有。将参考书籍与普通书籍排于一处,此无非为使其类别分明耳。即偶有将二者排于一处者,其最普通最常用之参考书籍,亦系别置于一处。例如:Houston 图书馆其最普通之参考书籍,如百科全书,年鉴,统计报告,索引等,则别置于一处,而以其他参考书籍与普通书籍混排于一处。除 Houston 图书馆以外,尚有若干小图书馆亦系如此办理。

然亦有为参考上之便利特将普通书籍暂藏于参考部中,及时过境迁仍退还流通部者,斯乃权宜之法耳。

b. 书库之管理　美国图书馆藏书逾十万卷者,概有半数系将书库之地位分为两部。一部为参考部之用,一部为流通部之用,各部之书籍各部自行管理之。其他图书馆或以流通部管理,或以参考部管理,或以别一行政组织管理不等。以别一行政组织管理者,如美国 Buffalo John Crerar Library New York, Pittsburgh 等图书馆是也。

关于管理书库,在极大图书馆中确系一重要问题。至于如何可以解决,则须视馆舍之大小,藏书之多寡,书藏之类别,服务之人士,及图书馆整个的行政组织为转移。例如 New York, Reference Department 其书库在组织上乃系总参考部中三组织之一,与其他专门阅览室不同。书库内之地位仅分与流通部一小部分以供其使用,并令其自行管理。

c. 清理书籍　参考书籍之用处在于用时即可寻得,否则无用也。故清理书籍一事,概指不使无人使用之参考书籍或已用毕之参考书籍存留于非固定之处所(如桌椅上地板上运书车上等等),而按其原在处排列于架上而言。此等事务日日有之,无时可竣,虽形琐碎繁杂,然对于任何部分均极重要,而对于参考部则尤为重要。参考部虽往往负清理一切公开处所书籍之责任,而以庋藏部清理书库之书籍,但大图书馆则概系以庋藏部负清理全馆书籍之责任。质言之,如欲得良好之结果,则必须有固定之部组或专人以司清理全馆各处"阅览室参考室研究室保留室特藏室新书室书库等"书籍之职务。

至于借出之书籍,调于本馆他部之书籍,保留之书籍,装订之书籍等,无论其记载存于何部,但均须准确而无遗漏,因参考部往往需用之也。他如馆中绝无记载而书即不见,职员私行携出,未经出纳手续而为阅者或职员由此室而移于彼室等事,皆大不利于参考工作,而宜以适当之管理方法杜绝之也。

书架上之书籍,必须常常查视,以观有无位置之错乱。公开处所之书架宜较书库中之书架多加查视。然书库中之书架亦不可有所忽略,不然则错置之书籍,在致用上实与遗失者无异也。查视公

118

开处所书架之事,以新进参考助手行之为宜,因此彼等可迅速明了本馆之分类法,及按索书号如何排列书籍之方法,亦可认识若干参考书籍,及最有用之书籍名称与所在处所,既有益于本馆之参考事务,复增长彼等之经验学识,实一举两得之事也。

清理书籍一事,不仅指清理本馆之书籍而言也。他如阅者遗于馆中之书籍,或其他物品,图书馆亦宜时加注意。一为求本馆之整洁。二为不使阅者在馆中有所损失,以免发生纠纷。

d. 保留书籍制　保留书籍之意义,盖谓将某种书籍,杂志或其他刊物,暂集藏于一特辟之处所,定一期间,专供某一机关,团体,会社,学校或私人之研究该题,而请求暂为保留者之使用。保留之书籍往往包括多种刊物,如书籍,杂志,报章,小册等,更无论其为参考书籍,抑为普通书籍,盖无不可为保留之用。然亦有时仅包括一部或一卷者,此亦得谓为保留书籍。举凡此种书籍,皆须由其原在之位置而移存于保留书籍处,在保留期间内,除请求保留该书者外,他人概不得使用。此系大概之制度,但在实际上其施行之方法则颇有出入。如时间之限制也,请求者之资格也,理由之区别也,在保留期间他人可否使用也,有无费用也,非供流通之书籍是否亦可保留也,等情,悉因各图书馆之情形而定其规章。(参见 A. L. A. A Surrey of Libraries in the United States. v. 2：100 – 105. 及 Jamas I. Wyer Reference Work. 1930. p. 196 – 198)

公共图书馆之保留书籍制,如不本大公无私之精神以行之,则颇易引起社会之误会。以公共图书馆之权利,乃人人应享之权利,若只为某种群众或某界私人读阅研究之便利而将书籍保留不许他人使用,则不合乎公共图书馆之宗旨。故保留书籍务须一本大公,又须遵守"以极少之书籍而供极多人士之使用"之格言。如此,则保留书籍方系真实为阅者谋便利,为书籍增效用,外界之物议自可不生也。

保留书籍之事务如甚繁夥,则须详细研究其管理之技巧,以求

119

手续周密,方法完善。至低限度每一保留之书籍必须具特别之标记,在保留期间内若经使用者退还时,仍可知该书系应归保留处者,如此,则该处即可执行其出纳手续矣。

e. 出借参考书籍问题 参考书籍之出借与否,各图书馆之政策不一。大抵本各图书馆所在地之情形,需要之急缓与重轻,请求借阅之人士,参考书籍之本身,使用期间之久暂,请求者在本馆之信用等情而定,其章程固难有固定之准则也。兹将美国图书馆大概之规定介绍于下,以便参考。美国图书馆绝不出借及不常出借参考书籍者为数甚为寥寥,此类图书馆如下:

(一)Brooklyn——如有极特殊之理由,或与参考部主任相识,方可享受借阅参考书籍之权利。

(二)East Orange——非有极急切之用项,及非在闭馆时间内,不得借阅参考书籍。

(三)San Diego——参考书籍,一次只可借阅数小时,并须有极端紧急之用项。

(四)New Haven, Pittsburgh, Wilmington(Del.)诸图书馆之规定,亦极严苛守旧。

但多数美国图书馆,则均出借参考书籍。虽亦不无限制,然其限制则远不逮上述诸图书馆之严苛。Buffalo 图书馆谓“出借参考书籍如不致影响于其他阅者之使用则无时不欲出借。”Worcester 图书馆于一九二四年借出之参考书籍,竟达五千四百二十九种之多。并谓“本馆一切书籍,如借阅者有相当之保证,及出借后不致耽误其他借阅者之正当请求,则均可出借。”至于最普通之政策而为多数图书馆所采取者,可于下方见之:

(一)Berkeley——偶尔出借参考书籍,但出借之时间甚暂,如夜间及清晨等。至于阅者需要该书之急缓,使用该书者之多寡,及该书有无损坏之虞,于出借时均须加以考虑。

(二)Denver——复本及旧版书籍,如非善本则可任人借阅。

其他参考书籍则颇严,然亦视该书之参考功用,价格,及借阅该书者之目的如何,而定出借与否。

（三）Los Angeles——参考书籍如系流通部之复本,或其性质非纯粹为参考之用,而易于补充者,如请求借阅者之理由充足,用途正当,则往往准其借出。设系纯粹参考书籍,或丛刊中之一种,或一部中之一册,一经损失便影响于群众之参考及全部之完整者,则概不出借。此种规章尤指钉本杂志而言。

（四）Washington——政策较为守旧,然亦非不本情理,更非不可通融。质言之,即凡参考书籍随时皆有为人使用之可能者,均不出借。钉本杂志,除非其他图书馆借用时,及在特殊情形之下,亦不出借。美术书籍,如系参考书则只借于了解美术而确知加以爱惜者。

多数较小之图书馆（藏书不及十万卷者）其出纳参考书籍之手续均在流通部出纳处执行,阅者有普通借书证即可。其较大之图书馆（藏书十万卷以上者）则三分之二均在参考部出纳处执行。普通办法,概系用一种临时便笺上列应具项目,及借书者之姓名。然亦有印成格式者,亦有在流通部出纳处执行借书手续而在参考部出纳处留一记载者。Berkley, Brookline, Indianapolis, Jersey City, Kansas City 诸图书馆即其例也。

编理书目

此节所讨论之书目,乃就参考部之行政上而言。至于书目之性质,类别,审查方法,及功用等,已在第一篇内详细论及。其遗而未论者,乃编制搜集及整理一切已刊或未刊之散乱细微或隐藏于书籍内既未经单独分类与插架复未经分析编目之书目等事。

编制书籍目录,小册目录及杂志内稿件目录,乃图书馆内常行及不可避免之事务。此种事务,概系由参考部担任,故参考部须明了如何可以使其内容准确,格式优良,及时间节省。

虽然，使用书目对于参考事务较编制书目尤为重要，然不经编制则亦无从使用也。但书目之煞费心力，业经编制完竣后而不便于使用者，则仍比比皆是。此类书目概系著者自作，或出版者代编。彼等率皆缺乏编制书目之知识与训练，其情不无可原。设系参考部职员所编制者，则不得一概而论矣。至于编制书目之详细方法，此处无须讨论。好在论此之书籍颇多，有志斯事者可径寻参考也。

编制书目概系为他人之使用，但参考部则亦应别缮一份，以资保存而备后日之参考。保存一事，亦不减编制之重要，故必须有固定之准则，整齐之次序（多按主题或类别排比），而尤须谨慎整理之。诸如上论，皆宜为每日例行公事中之一部，以求工作之完整，及补苴正式参考工具之不足。

与他部联系事宜

图书馆之部组愈多，则联络事宜愈为重要。不然，则各部之工作必有掣肘之处，而可影响于全馆工作之效率。参考部尤宜注意斯事，以除普通部组外，"如购置部流通部编目部参考部庋藏部总务等"，每有增辟，"如艺术部工艺部商业部杂志部官书部舆图部等"则概为便于参考而设。换言之，即概系专门参考部也。若不同心协力，声应气求，互相帮助，彼此勉励，共谋参考事务之发展，而各行其是，不相为谋，则日久忌妒之事，必不可免。"如本部不能答覆而不愿介绍参考事务者于他部，或自作聪明强为解释，自不了解之问题而不愿使他部洞悉该题者答覆之等情"，恶劣之感，定易发生。于是表面上虽各系图书馆之一部，而实际上则已成若干独立专门图书馆矣。于内于外其害均大，故联络一事，在分部图书馆中，极为重要。

联络一事，虽多视各部职员之性情与学识而定其能否收效，然亦未尝无法以促进之。促进之法概如下述：

（一）鼓励各部尽量明了他部之事务,特藏及工具等——如联合集会,读阅本馆报告,组织俱乐部,出版刊物,各部主任常常会议,讨论各部之工作情形等,均为有益之方法。

（二）各部职员轮流政策——各部职员轮流政策者,即全馆职员无固定之位置与职务,随时可调换于他部之谓也。小图书馆无与于此,惟图书馆愈大,部组愈多,则职员轮流政策愈为重要。以既可促进图书馆之完整,复可增长职员之学识与经验也。

（三）明了职员之特长——如长于外国语,具专门学识,有特癖,喜读书,多经验等,此种知识可以正式考查,或试验得之。然最佳之法,即平日之观察与记忆。

（四）使馆中讲习班之职员,在各部中实地练习。设无讲习班,则勿以未在其他各部工作已毕之职员加入参考部。

（五）聘任职员宜注意其人品与学识。

（六）规定参考部职员,每人每周必有一小时之时间,供其审查为全馆职员读阅之新书。

（七）分送新杂志于各部主任。

参考部与其他各部如何可得互通声气以达合作之目的,乃本题中至要之点也。兹按图书馆通常设之部分一一论之于后:

（一）总务部——总务部与一切部分在行政上均有密切关系,中外皆然,勿庸一一述之。兹仅论其如何与参考部可以获得合作之效,以明二者之特殊关系。夫总务部之职务内有监督职员,应对阅者,收发函件,及鼓吹宣传诸事。此等职务,均与参考事务有特殊之关系,可以言之,一般阅者往往不明图书馆之组织,而至总务部咨询问题。总务部如能径行答覆之,当以即刻答覆之为宜。否则,应即指引参考者于他部,此事形似甚易,而实行颇难。以一须明了各部职员之能力,二须熟悉各部之特藏,三须了解所咨询之问题,以观何部有独自答覆之能力,抑须总务部有以帮助之,诸如此类问题,有关于参考部时居多,此总务部与参考部之特殊关系一也。阅者对于图书馆是否满意,亦多视参考事务之优劣而定,然奖誉与讥评则概由总务部负应答之责任,此总务部与参考部之特殊关系二也。职司收发函件,则可见各部之成绩如何,而参考部致外之函件,则须别备一份存于总务部,总务部由此可知参考部所答覆之问题是否详细适当,此总务部与参考部之特殊关系三也。至于鼓吹宣传,则尤与参考部有极密切之关系。以总务部职司鼓吹宣传,而参考部则职司供给关于鼓吹宣传之材料,此总务部与参考部之特殊关系四也。本此四种特殊关系而合作,其效果自必伟大。

(二)购置部——购置新书,补充旧书,征求捐赠,交换刊物等事,往往多系由参考部发启,由购置部完成。为求工作之便利起见,参考部宜将一切详情填写清楚,如著者,书名,出版者,出版地,出版年,版次,卷数,价目,介绍者等。如系赠阅或交换,则填赠阅或交换者之姓名,住址等,以便购置部易于行事。购置部则应本参考部之介绍,请求,或建议立即进行购求,一俟书至,则须迅速办理本部中之一切手续,以便参考部之使用。如在手续未完时,参考部已需要该书甚急,购置部亦可以权宜之办法而即供其使用。不可因本部手续未完,而坚不令其持走,尤不可故意刁难。再购置部对于丛刊之记载,尤须详确清楚,以便参考部之查考。

(三)编目部——参考部所希望于编目部者,非系书籍能于最短期间内编竣。即系编目部允许其于未编竣以前可以自由取用,初无思及编目部之苦衷也。何以言之,编目部之职员,虽在本部事务纷繁之际,然有时亦须帮助参考部,而参考部之职员则例不能弃其本部之事务,而帮助编目部,此即编目部之苦衷也。虽然二部合作之法,亦未尝无之,兹举其要者叙述于下:

a. 编目部职员帮助使用目录——此事于编目部,于参考部,于阅者,均有利益。编目部因外界之批评,及自身之观察,可以改良编目方法之劣点。参考部因编目部之补助,可以节省许多时间以作他事。阅者因编目专家之指导,可以详细了解目录中之一切。

124

b. 参考部帮助编目部选择及改良标题——参考部由处理参考问题时,可以发现本馆所采用之标题是否适用,本其所得而建议于编目部,久之,本馆之标题可臻完善矣。

c. 参考部帮助编目部分类书籍——因外界之需要与使用,可以推知本馆分类之当否,此种当与不当,乃实际之当与不当,非分类者想像中之当与不当也,分类原为便于利用,故参考部所得之经验,实为分类之标准。编目部必须借助之,而参考部亦须尽量供给之。

d. 参考部帮助编目部编制分析目录——分析目录于学者至为重要。至于何种书籍,何种杂志必须编制分析目录,其意见则以参考部发抒为宜。如在应编制分析目录之书籍过多,编目部力有未逮时,参考部则可代其选择其要者尽先编制之。参考部亦有代编目部编制分析目录者,然只可于本部无事时行之。

总之,编目部所分类编目之书籍,苟不详细精确,则参考事务必难臻乎完善。而参考部所得之经验,苟不建议于编目部,则编目之方法亦不易切合实用。由此可见二部关系之密切及合作之必要也。

(四)流通部——参考部与流通部无论在组织上,在行政上,在职务上,均有极密切之关系。甚至二部之界限有时不易划分,前已详细论及,兹可不赘。至于二部合作事宜,则尤为必须之事。

(五)庋藏部——庋藏部乃一切部组之关键。庋藏部之工作如停止,则其他部组之工作亦有停止之危险。参考部之依赖于庋藏部则尤甚于其他部组。即以流通部而言,流通部概有甚多流通书籍置于本部之中,每日工作多可仰仗于此,而非必完全乞灵于庋藏部不可。而参考部则不然,无论其参考书藏如何丰富精良,然无时不需用他处之材料以补充之,尤不可不考依赖于包罗万象之庋藏部。参考部与庋藏部之重要关系概有二种:其一,由书库调取书籍,二由参考部退还书籍。调取用途比较永久之普通书籍,以为参考书籍时,在书笺书片书架及目录上均须标明(此乃编目部之事但参考部必须通知之)。暂时调取以为参考之用时,亦须记载某书为参考部借去,还时注销。再参考部于使用及退还书籍时,必须遵守书库之规则,以减轻庋藏部之工作。

(六)其他参考部——在总参考部中咨询之问题,往往有牵连于另一参考部者(大学中则系他系之图书馆有专门参考部者则系专门参考部),于斯则发生一种问题焉:使书就参考者欤? 抑使参考者就书欤? 其主张使书就参考人者谓:如参考者在甲部已寻得若干材料,且正在工作之中途,而该部之职员业已明了其问题,目的,与资料,苟使其移于乙部,则显然必扰其工作之进行,或竟因此而使其受颇大之损失。其赞成使参考者就书者则谓:各部对于各部之参考资料必较他部为熟稔,而能与参考者以精到之贡献,参考者必可获益良多,且使书就参考者手续较繁,不若使参考者就书为易。两方理由均有可取,司参考事务者,不必固执一面,因时制宜为佳。如 Cleveland 图书馆之普通参考部(余者皆专门参考部),如遇问题仅牵连一二部者,则介绍参考者于该一二部。其牵连甚多部组者,则由普通参考部代其自各部中搜集所需之参考材料,此诚极妙之法。以苟使参考者按所牵连之部组一一造访咨询,则参考者所获之材料匪惟东鳞西爪难求完整,亦必不胜其烦也。

参考主任及其他职员三之二

无论图书馆之规模如何伟大,无论图书馆之馆舍如何巍峨,无论图书馆之书藏如何丰富,无论馆长之德望如何高重,苟无品学兼优之参考职员,则图书馆之名誉亦难蒸蒸日上。何则? 图书馆虽对于书籍之购置、分类、编目、插架及流通等事,均有适当之人材以司其事,然阅者往往仍难获得其所需要之参考资料。其故盖因与阅者有直接关系者除参考部外,惟流通一部,而流通部因其职责所限乃在流通,故不愿兼顾额外辅助阅者探讨研究之事。而阅者来馆之目的,原为满足其求知之欲望,欲望难满,则心必不快,心不快则恶感必生,试问图书馆能得其好评? 吾知必不能也。于是一传十,十传百,则图书馆之名誉诚多系之,纵有伟大之规模,巍峨之馆舍,丰富之书藏,德高望重之馆长,复有何用哉。而参考部职员之职务,原为代阅者解决一切求知上之困难,例如:代其检查事实也,搜集材料也,襄助研究也,等事,正为补救斯弊。故参考部职员之有关于图书馆之名誉者至大且巨。然亦有时因此部职员之闒茸卑劣而丧失图书馆之名誉者,由是可见参考部之职员,诚有加以研究之必要,以明何种人材最为适当,兹分下列五项而论之:

1. 参考主任之资格。
2. 其他参考职员之资格。
3. 参考职员之品性与才能。
4. 理想参考职员之实现。
5. 论结。

1. 参考主任之资格

(一)大学教育程度 参考事务之重要,及其管理之困难,凡服务于图书馆界者,莫不知之,亦莫不视之为畏途。故担任此事者,第一必须有相当学问之基础,否则不克胜任。所谓相当学问之基础者,就美国图书馆学学校近来取录新生之趋势言,概已颇重大学或专门学校之毕业生。据一般图书馆家之推测,在不久的将来,其招考新生之限制,必将以学士之学位为最低之资格。就美国现充参考主任者而言,不但具硕士资格者寥若晨星,即具学士资格者亦殊属罕见。至于其他参考职员之程度,则尤为低浅,率皆中学卒业后稍受图书馆学之训练,即担任参考之事。甚至亦有既乏专门学校之程度,复不识图书馆学之门径者。举凡上述之参考职员,其对于参考事务表面上,虽亦能敷衍了事,然其所行所为,在实际上,则与参考事务之真实意义相去甚远也。

理想中之参考主任,于第二篇内业已论及。盖应兼具专门家及图书馆家之资格。然此种人材之产生,近今尚非其时,必有待诸异日。至于养成之方法,第一必须经过普通大学,大学卒业获得学士学位后,复研究一种专门学科(至少须二三年),学成之后,再受二年图书馆学之训练,不如此则不足以称专家图书馆家也。

(二)专门教育程度　专门学识与技能之获得,除在图书馆学专科学校攻求外,亦不无其他方法。最早者则为工读并行,换言之,即由实地工作时而求得相当之训练。在未立图书馆学学校以前,此种方法颇见昌行,其后则有学徒制讲习班,研究所,暑期学校,专科等之设立,同时并颇重经验一项。一般人以为如有作事十年之经验,则颇胜于受一年图书馆学学校之正式训练,故虽无图书馆专门教育资格,亦为各大图书馆所欢迎。按理十年经验应优于一年训练,第在十年工作之中,其孜孜致力于参考事务之准备者,殊不多睹耳,诸如上述,概系偶然或权且之办法,其正式培植参考人材之处所,则为今日之正式图书馆学专门学校。然欲成一参考主任,必须在入此学校以前先获得学士学位,及曾研究二三年专门学术。总计自高中毕业至图书馆学专门学校毕业,概须八九年之光阴。复观今日参考主任之薪俸,为数殊属不丰,若以此八九年之光阴,别作他图,其所能获得之报酬与将来之希望,必颇有可观。研究图书馆学所能获得之报酬既如斯之微,研究期间所费之光阴又如彼之多,故一般人士多不肯为偌大之牺牲也。上所论者,乃美国之情形,云乎吾国,则尤不可同日而语矣。即按文华图书馆学专科学校所规定之投考资格而论,不过立案大学本科二年修业期满之程度,然愿牺牲大学文凭而投身图书馆界者,已极寥寥。如以美国理想中取录新生之限制为标准,则吾国图书馆学学校必有完全关闭之危险,由此可见图书馆事业之乏味,非志在服务社会或专研究学问而不图名利者,率皆不敢问津也。美国复有延长二三年图书馆学训练期间之运动,则将来参考人材之难得,必愈甚于今日矣。

(三)经验及常识 经验于参考事务上甚为重要,以熟能生巧,可减少若干无谓心力之虚糜也。故至低限度,亦须洞悉本馆之书藏(例如何种书藏丰富,何种书藏缺乏,何种书籍可作何种用途,何种用途可答本社会中何种需要等等),熟谙参考之方法(例如遇一问题,便知由何种工具中可寻获其最适当之线索,以何种方法可以解决显似不可解决之困难等等),及明了社会之需要(例如所在之社会以何种事业著称,因受特殊影响本社会之需要趋向于何种方向等等)。凡此种种经验,或由求学时得之,或自工作时获之,或从观察上致之不一。

常识之能影响于参考事务者则尤为巨大。以丰富之常识良如一时新之百科全书,故于解答问题时往往勿需借助于书籍,或耗费若干无谓之思索与苦求。然其效果往往反极伟大。至于常识之培养,固不无有关于天性,然时时之努力,亦自有相当之进益也(培养常识之法见 Hankin's "The Cultivation of Common Sense")。

(四)行政研究

a. 如何可使职员团结坚固。

b. 如何可使理想新颖并实现。

c. 如何可使职员之工作顺利并可持久。

d. 如何可使职员之训练及经验继续增加。

e. 如何可使各专门家及本身之工作并驾齐驱。

f. 如何可使各级参考职员之行政,日常,及参考职务互生关系。

g. 专门参考事务之鼓励与完成,应至何种程度为止。

2. 其他参考职员之资格

（一）教育程度　参考主任之教育程度，至低限度自高中卒业后尚须经过八九年之学程。质言之，即受大学教育四年，研究专门学科二三年，受图书馆学训练二年。期诚悠长，然不如此则不易胜任。至于其他参考职员之教育程度，虽不必若是苛求，然亦不可限制过宽。按理想言之，自高中卒业后，必须再受六年之教育，即大学四年，图书馆学学校二年（或专门研究一年，图书馆学学校一年）。除此之外，并须通两种外国语言。然在我国今日经济破产教育落伍时代，此种理想绝难实现。为救急计，其有大学二年程度复研究专门学科及图书馆学各一年，或不研究其他专门学科而只研究图书馆学二年者，如能得之，斯亦可矣。然此乃最低之限度，不可再为通融也，否则参考事务必不易得良好之成绩。苟必欲再事通融，则须自别一方面着手，例如参考部之事务系分为若干专类，而专类之中，有显与普通教育无大关系者，如此则不妨聘任对于该类有专长者担任之。如人人均能胜任，普通大学或一般学校之资格，自不妨不顾。第如此办理者，殊不多睹耳。

（二）经验及常识　经验及常识除参考主任必须具备外，其他参考职员亦须注意及之。

3. 参考职员之品性与才能

参考职员之品性与才能于参考事务上最关重要，据美国图书馆协会图书馆学课程研究会研究之结果，共得二十七种不同之品性与才能。悉有关于参考事务而为理想参考职员所应具者，其研究之法系以若干问题致函于念余伟大图书馆（各类俱有）之馆长，与参考主任，请求答覆，并请其详举参考职员所宜具之最要品性与才能。每一品性或才能之下，复请其例举若干行为以为解释。此外如图书馆学学校之报名表格，及其他刊物，亦皆加以检查。而采取其中最所需要之品性与才能,是故研究与调查所得之结果甚为丰富也。此二十七种品性与才能,复经三十八位著名图书馆馆长单独之鉴定,于是其相互之重要,亦可得而知焉。鉴定之法即系1,2,或3,于每一品性或才能之后,以示首要次要或末要,然后复按所得之结果相乘(首要者以3乘,次要者以2乘,末要者以1乘),所得分数最大者,即最要者。兹介绍此二十七种品性与才能于下:

(1)聪明 一一四

a. 理会问者之需要。速知悉材料之出处清。

b. 洞悉本馆书藏,善于借助他山。

c. 能以适当之材料供给请求者。

d. 于寻求材料之时,能紧握问题之关键,不致误入歧途。

e. 能以巧妙方法,答覆电话咨询。

(2)正确 一一〇

a. 读阅正确引证无误。

b. 供给谨慎及正确消息。

c. 正确排检及索引。

d. 由电话中可知咨询者之正确需要。

(3)判断 一〇九

a. 了解咨询者,并能本咨询者之经验能力及目的而为其选择适当之材料。

b. 不致遣使咨询者奔走过多处所。

c. 能衡较各问题之重轻,以便善为支配答覆之时间。

d. 知悉何时须帮助阅者,何时须使阅者自为。

e. 在特殊情形之下,能权宜牺牲本馆之章程,及出借本馆之资料。

f. 知悉何时须代咨询者搜寻材料,及何时须遣咨询者于另一处所。

（4）专门学识　一〇二

a. 了解各种学科，并知由何处可以寻觅资料。

b. 提高本身之文学程度，并增广本身对于本社会之知识。

c. 洞悉本馆之书藏，并能辨别各书之功用。

d. 精于一二学科，并通数种外国语言。

（5）可靠　九八

a. 按时完成使命。

b. 彻底寻觅资料。

c. 办事认真，不须监督。

d. 尽力为请求者搜寻所需之材料。

e. 为咨询者及其问题严守秘密。

（6）礼貌　九四

a. 于应对阅者时表示和蔼及兴趣。

b. 接答电话言语和气。

c. 阅者叙述其请求时，恭聆勿厌，直至其述毕。

d. 注意来参考部之阅者，并示愿为服务之态度。

（7）学识渊博　九二

a. 以特殊之方法，寻得不易得之材料。

b. 注意捷径，发明妙诀。

c. 寻求书籍以外之帮助——如本地之著名专家。

d. 应对各色人士，以各该人士之程度为立足点。

（8）机变　九二

a. 同时服务数位阅者，以示一视同仁。

b. 以巧妙之问答，探明阅者之需要。

c. 勿使阅者难堪。

d. 使阅者感觉其问题之重要。

e. 勿使阅者失望。

（9）警觉　八九

a. 注意重要线索。

b. 留心馆外资料。

c. 知悉关于某一问题之新颖材料。

d. 帮助逡巡于书架前自行寻书而无目的之阅者。

(10)对于工作之兴趣　八五

a. 对于本身之工作极表热心,并思有以发展之。

b. 养成嗜书之特癖。

c. 努力改善以求与社会以较优之服务。

d. 每日对于本身之工作,表示一贯真实之兴趣,勿只为表面之敷衍。

e. 研究一种问题,以为自己之心得。

(11)记忆　八七

a. 触类能旁通,并可知材料之出处。

b. 记忆须有次序——例如记忆书籍,同时并记忆其所在之位置。

c. 牢记阅者之姓名,面貌,职业及兴趣。

d. 培养一种关心时事及馆藏之记忆习惯。

(12)好奇心　八二

a. 对于事务具追本求源之特性,并发明其各种功用。

b. 具分析能力——即研究能力。

c. 以寻得材料为乐事。

d. 努力研究新书之用途。

(13)亲爱阅者　八一

a. 尽力了解阅者及其观念。

b. 指导阅者如何利用图书馆。

c. 介绍新书于有关之阅者,以便其使用。

d. 对于颇具困难之阅者,特别表示亲爱——如瞽者及外国人等。

（14）想像 八〇

a. 由陈述不清之请求中,推测其意义,并由请求者探知其需要。

b. 预先搜集日后或有用处之材料。

c. 建议材料之新源泉。

d. 以聪明之猜想,竭力解决困难问题,利用良知。

（15）权宜 七九

a. 由此题而转于彼题既易且速。

b. 遇紧急问题时,能以欣悦镇静之态度处之。

c. 如有错误则表示情愿承认,并接受他人之帮助与建议。

d. 发明新方法,或以新法办旧事。

（16）毅力 七二

a. 本一贯之精神自非常处所寻得所需要之材料。

b. 寻求材料不顾一切困难与障碍。

c. 答覆一种问题,必至请求者对于所寻获之材料或所费之心力已十分满意而后已。

d. 咨询者之意见,必须彻底明了,否则继续探询。

（17）和蔼 六八

a. 应对阅者须和蔼可亲,尤其于应对初次来馆者。

b. 喜为他人之助。

c. 培养滑稽性情。

d. 任劳任怨。

（18）合作 六七

a. 与他部之职员合作。

b. 帮助本部之同事。

c. 己所知者告知其他职员。

d. 额外工作或替代他人须表示欣愿之态度。

（19）次序 六七

a. 供给阅者之材料须有系统。

b. 寻觅材料须有次序与鹄的。

c. 规定一优良排检程序。

d. 组织本身之工作须有条不紊。

（20）健康　六三

a. 终日勤劳而不疲倦。

b. 每日与阅者接触七小时，而不致神经错乱或生厌。

c. 在紧急时须有保持身心健康之把握。

d. 听斯聪。

（21）创造力　六三

a. 自以为必要则自动担任特殊工作。

b. 能自非常处所索探寻求。

c. 建议新法与新书。

d. 负担责任，自告奋勇编制必要书目。

（22）勤恳　六一

a. 解答问题，要彻底不可畏劳。

b. 勿积压例行公事。

c. 以己之余暇，改良己之工作。

d. 勿现怠惰与冷淡之容。

（23）敏捷　六〇

a. 迅速寻获适当之材料。

b. 了解题目敏捷。

c. 于事务纷至沓来之际，心思与动作均须敏捷。

d. 使用书籍须至熟巧之速度。

（24）镇静　五七

a. 无论遇何情形，自身必须镇静。

b. 应对各色人士必须自然。

c. 以可亲近之态度，使阅者身心安适。

d. 心平气和须永久一贯。

（25）忍耐　五四

a. 于服务阅者时，勿急遽弃此而就彼。

b. 服务愚钝及困难阅者，勿现不耐烦之色。

c. 忍耐力须自朝至夕完全一致。

d. 费时劳力之搜求，亦须一气完成，且不露焦急之容。

（26）威严　五一

a. 应接阅者须有自信力，以图立得其信仰。

b. 自己之工作，须自己负责完成。

c. 代表参考部参与全馆职员会议时，须不致辱命。

d. 无论何时自己须彻底明了自己之工作。

（27）整齐　四八

a. 公事桌须整齐。

b. 广告牌及陈列品须永久保持整齐及美观。

c. 文件箱须整齐，洁净及清楚。

d. 注意己之衣貌。

总而言之，参考职员必须有三癖：（一）爱书，（二）爱人，（三）爱次序。爱书之癖必须具蔓延性，例如对于利用及推广书籍功用之各种机会，眼光敏捷，利用热心等情是也。此种特癖，又必须具学者之风，而无书痴之弊，嗜好出自本性，而非矫揉造作。爱人之癖，即爱好交际之特性，除此特性之外，身体必须健全，人格必须高尚，心思必须豁达，精神必须活泼，待人接物必须彬彬有礼，释疑解难必须在在迅速，更须有极端好奇之特性。至于爱次序之癖，亦极重要，良以次序乃宇宙间之第一要律不可忽视者也。尚有言者，参考职员，于公余之暇，须有相当之娱乐，以资休养其身心，而求工作时气力充足，精神饱满，不致为如此繁重之事务所伤损。

4. 理想参考职员之实现

理想中之参考主任,上已述及。盖高中卒业后,尚须攻读八九年,其他参考职员,则须六七年方为及格。为期殊属过长,然不如此,则诚不足以言担负参考职务之重任,反视参考职员之薪俸,则又颇嫌低微。可见今日培植适当参考人材之困难,乃在于需求者之希望过奢,而所能供给之报酬过微,犹之以一文钱而欲购十文价之货,岂不难哉。故欲理想参考职员之实现,非按后列之办法施行,及非俟后列之时期达到不可。

（一）提高参考职员之待遇。

（二）专门图书馆日繁。

（三）专门参考部激增。

（四）机会随增加求学之年限并进。

（五）国家富足太平。

今日固不无家资富有,时间充足,志趣特别,而甘愿牺牲八九年或六七年之光阴,以研究参考学问与技能者。第此种人犹如凤毛麟角不可期耳。

5. 结论

参考职员资格之限制既如上述之严苛,品性及才能之规定复如前论之繁夥,言及报酬则又远不及其他事业之丰厚,似此一无金钱之收获,二乏名誉之嘉奖,三非引人注目之事业,其何人斯而愿执斯役耶。毕沙普论参考职员之报酬一文甚为中肯。略谓参考职员既不能得无上之光荣,复不能获广大之名誉,惟知完成己之任务而已。就其最美处而言,学者借重之,亲近之,感激之。自其极劣处而论,一般民众除知其为图书馆之一部分职员外,盖鲜有重视之者。故自动地服务,安静,自娱,乃其宗旨;使书籍有用,并用之者日多,乃其目的也。有时杂志及购置两部,恶其屡购生命短暂之材料,分类及编目者,恶其坚持分析目录之多制,其他部组恶其挠扰各该部组之工作。然按理言之,是皆系为图书馆争名誉。为社会谋福利而竟遭他人之疾视若是亦云冤矣。观此种种,非具爱书爱人爱次序三种特癖者,概不身斯业也。

训练民众三之三

古代藏书概为供一己之阅读,或少数人之浏览。且其图书之整理率复简陋欠精,是故凡得用之者,莫不知其使用之方法,固无须阅者事先之学习与夫藏书者事先之训练也。至于现代之图书馆其藏书之目的,则与往昔大不同矣。学校图书馆藏书之目的,为供本校一切师生之探讨。专门图书馆藏书之目的,为供本机关或本界人士之参考。公共图书馆藏书之目的,为供本社会内一切人士之利用。言乎整理图书之法,则尤非古代藏书处所能望其项背。如分类也,编目也,排检也,出纳也,皆系理有明文,法有定式,条理清晰,次序井然。且也精愈求精,善益求善,因此对于一切整理图书之方法不能固守而不变,随时均须加以改良。虽难谓日新而月异,然以今日整理图书之方法与逊清末叶者相较其出入之处已不可同日而语矣。此外如组织之完善,管理之精密,亦非古代藏书处所能与之比并。似此种种情形民众何能完全了然,何能完全熟谙。或曰,图书馆之职责原为服务民众,民众对于图书馆之组织管理与方法等明了与否,有何关系哉? 诚然,图书馆乃民众之公仆。然为一举两得计,则仍以使民众洞悉图书馆之内容为佳。何以言之,夫图书馆所服务之人士既甚繁多,而不明了图书馆者又极夥众,若民众之一切问题无论巨细难易均须仰赖于图书馆,则图书馆必有应接不暇之困难,而民众必有应答急缓不称之怨恨,甚或有误其事之危险。似此于图书馆既不经济,于阅览人又有弊害,诚属不当之极。反而言之,设民众对于图书馆均甚熟悉,则可不须图书馆之帮助,而可径获己之所需。事藏既可迅速,所获又可称意,而图书馆复可利用所节省之时间,为改良业务之用,双方获益滋多。况使民众有自助之能力,乃图书馆中天经地义之信条,尤属不可忽视,是即训练民众之意义也。

训练民众之方法因图书馆之种类而不同。兹将图书馆分为三类而述其训练民众之方法。三类图书馆者,即学校图书馆,专门图书馆,及公共图书馆是也。

学校图书馆

近二三十年来图书馆学一门在美国学校中已获得相当之地位。倡议增加此门者,概系图书馆主任,受训练者则为教员及学生。教员与学生不同,而学生又有大中小之别,故仍须分而论之。

(一)训练教员　所谓教员者,如确切言之,实系指未来教员而言也。其训练之法即系于师范学校课程中增加图书馆学一门,其目的乃在增加,提高,并充实学校中之优美读物。故教授之法,特重书籍之选择,与如何使书籍适合学校与学生之方法。充其量而言,无非使未来教员(尤其初级小学教员)对于图书馆之技能有所认识,而具有几分图书馆学专家之能力。如所在之学校中无图书馆时,能自行组织之。如有时能管理之,并能知其书藏是否优良,管理是否完善,及如何可增广其正当之用途。诸如上述,概皆美国最初训练教员之目的也。迨乎近今该国学校所需要者,已有由教员兼具几分图书馆学学识者而转为图书馆学专家之趋势矣。在不久的将来,此种趋势或将普遍于全国,而为学校当局所公认。大学固无论矣。惟言中学数年前其特聘之图书馆主任,不过寥寥有数之人,今则千百不止矣。因是之故,图书馆学一门乃广见增加于师范学校及暑期学校中,类是之设施亦可见诸城市教员训练处所,是则非教育局所举办即省市图书馆委员会所要求者也。观乎上述,可知昔日训练教员无非使其略悉图书馆之梗概,并非使其完全成为图书馆学专家。而今日训练教员,则有不得不求其详尽之必要。甚或竟由教员而变为图书馆学专家,趋势使然,训练方法亦须因之而改变也。

(二)训练小学学生 小学学生正在启蒙时期,换言之,在此时期中,其求学之旨趣概系处于被动的地位,尚无自动探讨之能力。若就小学本身而言,图书馆之有无本无重大之关系,图书馆知识之训练尤属画蛇添足。然自培养优良基础上而言,则图书馆之设立,乃为一切小学当务之急。图书馆学知识之训练,尤属必不可免。盖因一切良好习惯之养成,端赖幼年之薰陶,幼年养成之习惯,恒可终身不变,谓之为治本之良图不为过也。

训练小学学生之方法甚属简易,以此举之目的原非在使彼等犹成人然时时追求于图书馆中,乃在养成其对于图书馆之良好印象,及在图书馆中之公德心而已。故除教之使用字典,百科全书,索引目录,及如何爱护书籍,遵守馆规外,余者则概以培养其对于图书馆之兴趣为目标。如讲演关于图书馆之故事也,展览富有意味之图书也,编演关于图书馆之戏剧及游戏也,举行各种竞赛也等,皆系欧美各国常行之事。此等方法,往往给与儿童之影响极为伟大。

(三)训练中学学生 图书馆知识之训练,在美国中学校中已有极稳固之根基。管理斯事者,泰半为英文系及该校之图书馆二者。如校中无图书馆,则概系与当地之公共图书馆共同进行。其须受训练者,则概为一年级学生。然亦有训练二年至三年者,第此种中学为数殊不多耳。

所训练之事项概为普通参考工具之使用法。所谓普通参考工具,不外目录,索引,类书,书目等而已。然在特殊情形之下(如辩论作文等时),亦授以搜集材料之方法,及编纂之技能。此外对于练习亦极注意,以免尚空谈而不务实际之害。是故学校中如有图书馆,则每于课毕之后,由教员指导之行实地练习之工作,否则,由教员领导至当地公共图书馆中练习。如此,则学生对于使用图书馆之方法必尤为明了与热谙。

据美国最近之调查,自中学校增加图书馆学训练以后,迄乎今日其成绩殊为优良。往昔中学生非但不明自行寻求书籍之方法,即偶进至图书馆中目睹浩繁之书籍,及馆员工作之气派,必存畏惧之心。今则不但在本校图书馆中能自行寻求一切,即在大学图书馆及公共图书馆中,亦有善自利用之能力。至于畏惧之心,早已消灭,其美中不足者犹不能如在家庭之中读阅之自然耳。据一般人士之推测,将来图书馆之关系与学校更为密切后,此种弊病或可免除也。

(四)训练大学学生　吾国大学之举行图书馆使用法,训练者虽亦有之,第尚无实际之调查与详确之记载。故如何训练之方式,仍然无从叙述。而作者所知者又颇有限。为免挂一漏万计,仍本美国调查之结果而介绍其大概之方法如后:

美国大学图书馆多有图书馆使用法之刊印,此书内容包括馆藏状况,书籍位置,分类,编目,各类书籍之用途,及使用之方法等,此为指导新生如何利用图书馆之第一步手续也。此外则为实际训练矣。所训练者有以下各项:

(1)图书馆使用法——组织,管理,书藏,分类,编目,用法等,大概情形与上云之馆刊大略相似。

(2)目录——所采用者系何法,如何编制,如何排检,如何使用等。

(3)参考书籍——参考书籍内又分普通参考书籍,与专门参考书籍二种。所谓普通参考书籍,即无论研究何种学科,但日常仍须用之者,如字典,百科全书之类。所谓专门参考书籍,即专门学科中之参考书籍。至于所教授者,则概如拙作第一篇“参考工具”中所述者相近。

（4）杂志索引——所包括者共有若干杂志,如何取材,如何排比,如何缩写,如何出版,如何使用,此种训练多与著作及辩论有关。

（5）杂志——选择若干重要而日常需用之杂志,讲述其范围内容用法等。

（6）美国官书——美国官书内容极富,但苟不明其出版之次序,及编制之方法,则不易使用。

（7）营业书目——营业书目,汗牛充栋,苟不加以研究,则往往受其蒙骗,此为选购书籍时计也。

（8）图书史——由古迄今,其进化之情形,及所与人类之影响。

（9）书评。

（10）分类法——分类法之种类,所采用之符号,详简及用法。

（11）品鉴书籍法。

（12）参考事务——如何搜集材料,如何利用材料,参考事务包罗万象,故仅能教之以梗概。

（13）介绍他馆之馆藏。

（14）书籍插架法。

（15）订购书籍法——订购手续及如何选择经理处。

（16）书目编制法——普通书目如何编制,特种书目如何编制,及如何搜集资料。

（17）手稿及善本。

（18）欧洲著名出版者。

（19）现代印刷术。

（20）索引编制法。

（21）刊印论文法。

上述二十一项之训练,非谓每一大学必均举行之。然一切大学所举行者,则概不外乎上所列者。有采用一二项者,有采用四五项者不等,概视大学对于斯事重视与否为转移。其有专科之设立与学分之规定者,所教授之课程自较详博,其无者自较简鲜。至于应受训练者,除专科者无一定之标准外,普通概系一年级生。训练之期间概系在开学之始,教授一二小时,并有一小时在图书馆中之实习(实习最为重要故各大学均重视之)。其管理斯事者,则率为英文系及图书馆二者。

训练学生除设图书馆学专科之大学外,余者概非以造就图书馆学人材为目标,无非使学生对于己之工作能完全明了及迅速完成而已。故一般大学所训练者,泰半为图书馆之组织及利用之方法。

专门图书馆

就表面上观之,专门图书馆显无训练民众之需要。以所服务之人士,概系学有根基之专门人材也。然自实际上察之,则指导探讨襄助研究等事,确为专门图书馆职员日常之重要工作。此种事务所以异于学校图书馆之训练学生者,乃在于学校图书馆系有组织有计画之训练,专门图书馆则系随时际就机会之指导而已。

专门图书馆之训练阅者,概不外乎著述研究二事。换言之,即"襄助研究"一事乃其主要之参考事务。第著述与研究乃阅者本身之事务。所谓训练者,无非指如何搜集著述与研究之资料而已。斯事无固定之目标与范围,故事先不易有固定并有组织之训练与计画,仅能于问题发生时,本其所需要者而为适当之处置而已。且此种搜集材料之法,与普通一般问题不同。普通问题所需要之材料,概以能答覆其问题即可。而著述与研究等问题所需要者,则皆系不厌其详,愈新愈妙。因此每于一问题发生之时,必须指导咨询者将一切关于该题之新旧材料遍寻无遗。以其材料之繁难也,更须教以如何整理之法,以使其有条不紊,便于参考。凡此种种,概在书目范围以内,如谓专门图书馆之训练阅者概系书目知识之训练,亦无不可,以学者虽长于著述与研究,然对于书目知识,则往往忽之也。

公共图书馆

训练民众一事,在公共图书馆中较在他种图书馆中尤关重要。何以言之,夫学校图书馆与专门图书馆之阅者,虽未必处于图书馆中,然与图书馆接触之机会则显然较公共图书馆之阅者为多,以其近水楼台也。故虽无正式之学习,然因耳闻目染之故,对于图书馆亦可有相当之认识。纵无正式之训练,于使用图书馆上,或亦不至有极大之困难。若夫公共图书馆之阅者,则不能一概而论矣,其至图书馆也,非系为紧急需求所驱使,即系因一时兴致而莅临。换言之,多系偶然之顾主,平日对于图书馆概乏相当之接触者。故公共图书馆每日之阅者虽多,其能善用图书馆者则殊不多觏。是以训练民众一事,乃为公共图书馆不可忽视之要务。第以公共图书馆所服务之民众界别繁杂,程度悬殊,且如一盘散沙,不若学校图书馆之阅者易于聚集,不如专门图书馆之阅者程度齐侔。故虽感觉训练民众一事较在他种图书馆中为重要,然在实行上则殊较他种图书馆为困难,而不易以正式之方式出之。是以惟有因时制宜而为单独训练之一法。美国公共图书馆虽不乏举行有组织之正式训练者,如集会,讲演等,然其结果则颇为失望。亦有应其他团体之聘请,而为其讲解图书馆之用法者,所获亦非所望。是以至终均仍归于本阅者之需要而为单独训练之一途。兹将美国公共图书馆举行单独训练者及其办法介绍数处于后:

(一)Brookline, Decatur 两图书馆:尽量使新来馆之阅者,明了目录之用法,及书籍之位置。此种训练亦系一切图书馆之有咨询处者之一部分例行职务。

(二)John Crerar 图书馆:特别注意新来馆之阅者,遇有显明之需要帮助时即助之。

（三）Dayton 图书馆：遇有机会即指导阅者，如何使用杂志，索引，书目及卡片目录。并计画派一编目者，担任一部分参考职务，即指导阅者使用目录索引及书目等事。更拟教民众以读书之妙诀，使用标准参考书之方法，目录检查法及笔记法。

（四）Denver 图书馆：如阅者本著者或书名索要书籍时，即教以如何检查目录之法。如本主题或使用参考书时，苟阅者不请求图书馆为其讲解目录及参考书之用法，图书馆则不自动为其讲解。

（五）Pittsburgh 图书馆：常在参考部探讨者，图书馆即教以如何使用比较普通之参考书籍。其偶至参考部之阅者，图书馆则不顾之。

（六）Minneapolis，New Bedford，Oakland，Portland，Ore，诸图书馆在可能范围内，遇上述必须情形时，即斟酌训练之。

公共图书馆多有帮助学校训练其学生者，如美国 Gary 及 Omahan 两图书馆之致力于中学训练。Cleveland 之鼓励学生辩论及指导使用参考书与目录是也。Indianapolis，New Haven 对于此事尤不肯稍后于人。此种事务如能普遍全国，行之彻底，匪惟能减轻学校之任务，增长学生之学识，即公共图书馆亦可获得相当之利益。何以言之，日后明了图书馆者日多，则公共图书馆亦可减少单独训练之事也。

公共图书馆所出版关于使用图书馆之刊物，较学校图书馆亦少。其刊物概系书籍目录单，规章，书目之类，特为指导使用图书馆者殊不多见。但使用目录之法，重要参考资料之位置，重要索引之名称，及所在处所，主要百科全书及字典珍贵特藏之注释目录，如均经刊印，并可赠送于民众，则于参考上殊多便利，亦可减少训练之事务良多。

图书馆之利用印刷品以为指导使用图书馆之工具者颇多。例如职员之姓名，馆舍之设计，书藏之位置，各类参考书之标笺，目录中之指导卡片等等，措辞如能谦卑精警，位置如能适中易见，则往往能发生极大之效力。较诸"禁止高声谈话""勿许喧哗"等标语，殊有益也。但此种工具之编制，并非易事，往往所用辞句之意义，对于图书馆职员甚为清楚，而对于民众则颇觉模糊。故制作之事，切忌文字古奥意义双关之辞句，例如目录卡片中之参见注，多有用 For fuller information see main entry，若按编目者之用意言，即："细情见正登录。"惟"entry"一字，兼具登录与门户两种意义，而 Main 一字则为"正""大"之意。故遇不明编目中之术语者，换言之，即不明正副登录为何者，必舍目录柜而趋奔于图书馆之正门。其滑稽宁有甚于此者，此乃双关辞句之一种弊害，以此类推，处处必须谨慎也。

一般公共图书馆每年所耗费之印刷费甚多，但十之八九乃为流通部或全馆所用，其专为参考事务而肯出巨大之印刷费者，则寥寥无几。以学校图书馆与公共图书馆所出版之刊物互相比较，可以知矣。学校图书馆所出版之刊物，内容多系关于指导参考之事项，而公共图书馆者，则殊鲜此种材料，甚或无之。可见参考事务在实际上仍多有不能与其他事务受同等待遇之处，其故原非参考部无可印刷之事物，实因管理者不注意及之耳。兹介绍数种可以印刷而专为参考部使用之事物如下：

（一）索书单之背面刊载使用目录之简单方法。

（二）将使用参考部之利益，及如何使用参考部之方法，印成传单，分寄于本地学校，会社，机关，团体，以资宣传，并诱导其使用。

（三）将编制主题书目之简明方法印成小册，分散于来参考部之阅者。

（四）编制主要普通参考书籍或专门参考书籍注释书目，并注明其位置。

（五）编制家庭或假期自修书目。

以上五种，不过举例而已。触类旁通，自可编制良多，其效用往往至为伟大。

房屋及设备三之四

图书馆之服务社会，非谓能供给适当充足之书籍与精明干练之人力，其责任即已尽也，他如房屋及设备亦须设计周密，布置完善。不然则大不利于参考事务之发展，与参考者及职员之健康。何以言之，兹先论房屋一项，其有影响于参考事务之进行与人身之健康者概有六事：即参考部之位置，清静，地板，空气，温度及光线。位置计划不当，则寻觅资料艰难；清静不能维持，则扰乱参考者之心神；地板如不讲求，则易于发声或不便于人之行走；空气如不流通，温度如不适宜，光线如不充足，则有碍于人之卫生，且不便于读阅与研究。至于设备一项，则概与参考者及职员之舒适及便利上有直接之影响，苟不慎重研究，则弊害滋多。房屋及设备之于他部或可因陋就简，苟事敷衍，然于参考部则不可稍为忽略。何则，除参考职员通常工作之时间例较他部为长外（流通部除外），其在参考部探讨者概较流通部阅者所居之时间为多，原因不外参考问题概较普通阅读为难，固非可随意止辍者也。似此长久之时间，已为参考者及职员之精力所难支持，如复无舒适之房屋及完善之设备，则参考者与职员于无形之中所受之损害必甚重大，此参考部不可不预先注意者也。

本章所欲论者乃关于图书馆参考事务上近乎理想之房屋及设备，特以设置参考部之目的为讨论之目标，以观建筑，位置，家具，光线，温度及空气等，如何影响于参考事务之完成。第房屋设备两问题，如自建筑及制造上详细论之，则非专门丁斯学斯艺者，不克胜任。故本章只能自大体上本如何便利于读阅与研究之原则，而论其应宜之事项，自不能成为工程及设备之专门论文也。

工程师之计画图书馆,往往以整个图书馆为对象,故建设图书馆者,须先注意参考部之需要,而参加必须之意见。至于旧馆舍除房屋不便完全翻新外,其空气温度与光线则有时颇易于改良。再本章虽以分部工作之大图书馆为讨论之对象,然较小之图书馆,亦未始不可斟酌情形而采纳若干意见也。

1. 房屋

(一)参考处所

a. 参考室——特辟一专室或数专室内置功用最广之参考工具,正式参考书籍,散碎参考资料,指南及一览等。除此之外,更须视本社会之需要而增加必须之参考材料。规模伟大之图书馆,复往往有以参考室分别贮藏特种书籍者,目的亦无非为求参考者之便利而已。

b. 研究室——为专门研究及长期读阅之便利及清静起见,有特备专室或有锁之书桌,或接近书库之室舍,或其他处所以为个人单独使用者。此种情形在大学图书馆中恒不可免,然在公共图书馆中亦所习见。

c. 壁龛——将参考书籍权且置于壁龛或室舍之隅中。

d. 亦有图书馆虽无特备之处所以为置放参考书籍之用,然其最普通之正式参考书籍,亦多不与普通书籍混合插架。此类图书馆之规模,概系甚小,但其参考事务则往往颇多。

(二)参考部之位置　无论于建筑新馆时,或分配各部之地位时,参考部之位置必须视与后列各处之关系而为决定之标准。

a. 公用目录——公用目录与参考及流通二部均须接近,故在事实上参考及流通二部,亦多系毗连,而以公用目录居乎其中。如参考及流通二部分离时,则公用目录通系置于流通部中。此概指藏书十余万卷之图书馆而言,其较大者亦有将公用目录置于参考部者,或别制一份目录,或特制参考书籍目录。特藏目录,或书架目录,专为参考部之用者。总之,参考部与公用目录及联合书目实有不可须臾或离之关系。故大学及专门图书馆之公用目录,几乎完全系置于举办参考事务之处所,或尽量使之与参考部接近。

b. 流通部——在公共图书馆中,本流通部之位置恒可决定参考部之位置。在大学图书馆中则不然,原因不外公共图书馆之参考事务颇具变化性质,且多系发轫于流通部中,而大学图书馆之参考事务,则多具固定性质也。

c. 书库

d. 期刊部或期刊阅览室——期刊乃重要参考材料,故须与参考部紧连。惟极大图书馆始特辟期刊部,但别备一室以为现行期刊阅览室者,则比比皆是。此室虽然独立,但仍以归参考部管辖为宜。至于旧期刊,图书馆多有将最近三五年或十数年者选择而保存于参考部中者,良以不如此则所费之时间与金钱(必别备一份期刊索引)必甚多也。

e. 官书——官书乃最新之参考资料。其价值有驾乎普通参考书籍而上之趋势。即最小之图书馆亦可利用之。第卷帙浩繁,致用不便,故在实际上仍多不若杂志,年鉴及新闻纸等之广为人所参考读阅。因此,除官书之具正式参考书性质者外,余者概系保存于距离参考部较远之处。

f. 新闻纸——新闻纸卷帙庞重,取阅不便,故须与参考部紧相接连。

参考职员与上列各处,宜较与馆长室,报章阅览室,儿童室,职员办公室,特藏室等为接近。

(三)清静——设有参考部之图书馆,泰半系位于城市之中,城市概系嚣杂之处,而图书馆所处之环境,又复不易研究,是以在公共处所内如欲养成清静之习惯与纪律,在事实上诚属不易。虽然,如以清静为参考部中之重要企图,非达到目的不可,亦未始不可有相当之成效。即在参考部尚未开幕之先,亦可按理想中之要点而加以研究。例如参考部不可与车水马龙尘嚣嘈杂之街市相近;不可紧邻儿童室或出纳处;过道可安门户以与他部隔离;如楼上比较清静则可将参考部设于楼上;可不备正式游览指南;可采用避声墙壁及屋顶;与他部之间不备穿堂门户。所有以上种种办法,往往在一图书馆中无有完全办到之可能,然在新建或改造一大图书馆时,如将此等情形完全预先计画周密,亦未尝无完全办到之希望,并非系绝难达到之目的。再者所有上述之方法,目的不仅在维持清静而已也,亦在养成一种"参考空气"耳。此种空气既便利于参考者之探讨,复裨益于参考者及职员之健康,故不可不力求之。

(四)温度及空气——适宜之温度与新鲜之空气,于参考者及职员双方之工作上均有极大之裨益,第如何可使温度适宜,同时亦可获得新鲜空气,斯乃极困难之问题耳。困难之处即在温度与空气尚无一种完善之方法,同是可使二者均甚美满。甚至解决二者之一之完善方法亦不可得。何以见之,例如参考室中人甚拥挤,在此情形之下,虽有通风机,亦不若开窗为佳,但人之性情与身体强弱多有不同,苟有一人开窗,同时或有数人急欲闭之,参考者之心理颇难一致,其差强人意之方法,惟有聘请良好工程师,请求竭力筹画如何可使温度适宜,然后图书馆再备专人以司按一定时间开启窗户之事,不如此则参考者及职员久居于温度不宜空气污浊之室中,身体必直接受其害,学问必间接受其损也。

(五)地板及覆盖物——地板及地板覆盖物颇有关于参考室内之清静及便利,故于建造及采用之时,务须加以研究。未经覆盖之地板,如以大理石,磁瓦,三合土,玻璃,木板等材料所造者,概皆性质滑冷,易于发声,于行走既感不便,于心神复有妨碍,故覆盖地板之物,必不可免。惟精美适用之覆盖材料甚不易得,盖因精美适用者,必须具坚固,耐用,洁净,美观,干燥,温软,无声,不易燃烧,不滑,便于行走,等等要素也。战船乌麻布,及软木地毯在今日为最佳之地板覆盖物,第用时必须慎重涂蜡理洁,即如此,在实际上其缝口不久仍易损坏,如欲免除斯弊,可以软瓦补救之,苟能补砌得法,亦甚坚固耐久。尚有咬口橡皮瓦一种,虽广为人所称赞,但其价值过昂,而性质亦不如乌麻布及软木地毯坚固耳。其地板无覆盖物之图书馆,近多有购备橡皮跟鞋,以为职员之用者,可见"寂静"二字在参考室中之重要。

　　(六)光线——光线之最佳者当属阳光,以其既无需金钱以购买,复大有裨益于人类及书籍也。故在可能范围以内,宜尽量利用之。利用之法不一而足,如多备巨大之窗户也,建造著色之反射墙壁也,利用楼之上层为阅览室也,楼之四周多留广场也,尽量将参考室设于阳光充足之处也,皆系利用阳光之法。第各图书馆所处之环境及其馆舍之构造多具异同,故以因时制宜为宜,上所举者不过通常习见之方法而已。再者近数年来城市日趋繁华,人烟亦愈见稠密,职是之故,往往烟尘飞扬,颇有影响于阳光之明亮与清纯,因此阅者与书籍何者宜先享最佳之阳光,遂成为一种重要问题。一般人均谓如能将书籍完全置于阅览室中,而不致占夺阅者之地位,则此问题可以不成问题。如图书馆之书籍极为丰富,显然有设极大书库之必要,则以将书库设于图书馆之中心,而以阅览室(如有公事房之地位尤佳)环绕其四周,令阅者先享最佳之阳光为宜。书库如能仍可利用阳光则最佳,否则只有以人造光代替也。人造光之射照法可有三种:曰间接射照,曰半间接射照,曰直接射照。间接射照法系将所有灯盏均隐藏于暗处,而使一切光线均由墙壁或屋顶上反射而出。半间接射照法系以白色反映罩,罩于灯头之上,使其光线由反映罩上射出。直接射照法系使光线直接由灯头上射于书上,或桌上。间接射照法在演讲厅戏院及车站虽甚足用与适宜,但于阅览室内则非最佳者。直接射照法虽然可用,但苟不能位置适宜,使光线由一切阅者之左肩上射下,或灯罩不佳,烛度不一(应以眼目与灯之距离为标准),则光线非系甚强,即有害于眼目。半间接射照法之于阅览上,在三种方法之中可谓最佳者。

以其光线一半由遮蔽之灯头上直接射出,另一半则由灯头反映于上部也。但反映罩必须以链系之,如有必要,可再令其下垂,以求所射于书桌及书架上之光线十分充足。但学校图书馆则极力反对光线装具在可触及之处,然此无与乎直接与间接射照之争点也。

2. 设备

此处所谓之设备系狭义的,非系广义的。所指者,无非在参考室中所习见之重要家具而已,零星用品,不在其内也。家具之式样与布置之方法,于参考者之便利上亦有莫大关系。

(一)书桌——按现代之趋势,书桌之尺寸系日趋于小的方面,质言之,即每一书桌以不逾六人之占用为尚。图书馆亦多有在参考室中特备个人独用之书桌与书架者,可见此种趋势之蓬勃矣。若为图书馆方面着想,个人独用之书桌与书架既耗钱财,复费地位,实属甚不经济。但若为阅览人着想,则便利良多也。

学校图书馆中书桌之样式及质料,宜极为简单朴素,不可附带抽屉,及设备无味之书架,以免学生私藏书籍。但在参考图书馆中(尤其在个人研究室中)则书桌以附带装锁之抽屉为佳。

(二)坐椅——坐椅于参考者之舒适上及于参考室之清静上较他种家具尤关重要,置备时特宜慎重。据美国图书馆家研究之结果,其样式以愈简质者为愈佳,其质料以愈坚固者为愈妙。在公共图书馆中为然,在学校图书馆中愈应如是。但在专门图书馆中,其样式与质料则不妨稍为讲求。

(三)书架——阅览及参考二室之书架排列法,可斟酌各该室内之形式及容积而变一字排列之旧制,以求观瞻之雅美,及应用之便利。至于书架之质料,亦以坚固为佳,样式则视其用途而规定为宜。例如为新闻纸之用者,为杂志之用者,为舆图之用者,为字典之用者,为目录之用者,如能按各该刊物之形体及开展阅览之姿势而分别定造之,则颇能延长书籍之寿命,及增加阅者之便利。为笨重参考书籍所用之桌架,当推不使书籍易于移动者为最佳,良以参考书籍每日用者甚多,如用时即取下,则取放之事日必甚烦,且易于伤损书籍。笨重参考书籍,最好平置于书桌上或高仅及腰之小几上,如此则参考时极为便利。图书馆中最不易管理及使用之参考材料,即系舆图,是以凡关于舆图之论文,无有不涉及保存管理及致用等事者,亦可见舆图之为图书馆家之难题矣。在伟大参考部中诸如上述之特殊家具,亦有可于建筑馆舍时同时建筑于室内者,如此,则既可节省空间,复可样式一律也。

(四)文件箱——文件箱已被公认为装置一切微小、零散及功用不永刊物之标准器具。例如小册子,剪片,画片,函件,图表,残篇断简,书店目录等,盖莫不以文件箱装置为宜。此外非利用文件箱不可之刊物甚多,此不过聊举数种参考室中最重要之微小零散及功用不永之刊物以为例证而已。再者文件箱概有木制及钢制者二种,木制者比较优美,价廉,无声,并可自由安置于室中。

(五)参考桌——在阅览室,参考室及研究室内,按理均应置一参考馆员。但此种参考馆员,则不宜与阅者作无味之谈话,或接答电话,或接见来宾。故参考桌宜置于壁龛内或以书架环绕,或以玻璃间隔,但必须位于事务纷繁处所之中心。卡片目录亦然,卡片目录在可能情形之下,宜置于阅览室外。此种布置虽不免使职员多走几许道路,然除此之外则难有更佳之办法也。为免除公开参考桌之嘈杂而以玻璃隔之,虽非不良之权宜办法,但究竟与阅者不可亲近之印象,此与图书馆服务阅者之伟大真实精神颇相背驰也。

小图书馆之参考室除在阅者最众之时际外,概不专委职员以司解答问题之事。苟有需要时,则以任何职员之值班者应付之。对于此种图书馆之行政,虽似无反对者,然究属欠当。最好将主任之办公室连同多数特殊文件箱及用具设于参考室门外最近处。参考室内则别派一副助手以司监视及解答浅易问题之事。

(六)其他较小设备——兹将参考室内较小之设备择要略举

如后:

    a. 开馆闭馆日期及时间表。

    b. 藏书壁橱。

    c. 不鸣钟。

    d. 软木面布告牌。

    e. 足凳。

    f. 座褥。

    g. 寒暑表。

    h. 展览柜(虽不永考参考部内,然往往归参考部管理)。

    i. 影印机 Photostat(小图书馆恐无力置备)。

    j. 打字及抄缮等便利。